JN015446

開業者の

村上 義昭【著】
Murakami Yoshiaki

能力獲得経路

経験、副業起業、従業員、人的ネットワーク

Pathways to

acquire

entrepreneurial

competencies

同友館

はしがき

　「将来は開業したいんです」。最近はこのように話す若者が多いように感じます。筆者が勤務する大学の学生からもよく聞きます。昨今は、なりたい職業として会社員や公務員が上位にランクインしているだけに、意外な思いをしています。なかには、どのようなビジネスをすれば良いのか、ビジネスアイデアなどを検討する自主勉強会を開く学生も見受けられます。

　しかし彼らに、開業に向けてどのように能力を獲得するつもりなのかを尋ねると、具体的にはイメージできていないようです。「どのようなビジネスをするのか」（事業機会の発見）、「どのように事業として成り立たせるのか」（ビジネスモデルの構築）だけではなく、「どのような経営資源（人的資本や財務資本など）が必要なのか」（経営資源の調達）ということも開業するには不可欠です。前二者は見えやすくイメージしやすいのに対して、経営資源の調達、とりわけ人的資本の獲得については、社会経験の乏しい学生にとっては見えづらくイメージしにくいのだと思います。

　この、なかなか見えづらいところに本書は注目します。人的資本を中心とする能力を開業者はどのように獲得しているのでしょうか。有名な起業家の伝記などには、彼らがどのように能力を獲得しているかが述べられているでしょう。しかし、それらは個別性が強いうえに例外的な事例かもしれません。本書が分析の対象にするのは、そうした一部の例外的な起業家ではなく、普通の開業者です。このため、個別の事例をもとにした定性的な分析ではなく、主としてアンケートデータを用いた定量的な分析を行い、開業者に対する聞き取り調査を補完的に行っています。

　第1章から第6章にわたって、人的資本などのさまざまな獲得経路について検討しています。各章に共通するのは、どのような獲得経路が開業直後の業績を高めるのかということです。

　本書は開業のノウハウ本ではありません。しかし、将来の開業を考えている

方がどのようなキャリアパスを組み立てれば良いのか、示唆が得られるであろうと思います。また、開業を支援する方々が行うアドバイスなどにも生かせるのではないかと思います。

　本書の執筆を機に、私事ながら筆者がこれまでお世話になった方々に改めて謝辞を申し上げます。

　筆者は 1981 年に大学を卒業し、政策金融機関である国民金融公庫（現・日本政策金融公庫）に入庫しました。その当時は、いずれはどこかの支店長になれれば良いなぁといった程度の、漠然とした将来像しか描いていませんでした。しかし、支店での業務は 2 店舗、合計 6 年間しか経験せず、結局は支店長にもなりませんでした。公庫に勤務していた 37 年間のうちのほとんどの期間を調査研究部門に在籍し、さらに退職して大学の教員になるとは、まったく想像もしていませんでした。そもそも入庫するまで、公庫に調査研究部門（当時は調査部）があることさえ知らなかったのですから。

　道が大きく変わる過程では、実に多くの方々のご指導やご厚情を賜りました。国民金融公庫人事部調査役（当時）だった岩切洋一郎氏（後の日本政策金融公庫常勤監査役）には調査研究部門に異動するきっかけを与えていただきました。調査部長（当時）だった金谷貞夫氏（後の作新学院大学教授）には調査と文章の基礎を教わりました。獨協大学教授（当時）だった杉岡碩夫氏には何度も聞き取り調査に同行いただき、現場を見ることの重要性を教わりました。調査研究部門の先輩にあたる高橋徳行氏（現・武蔵大学学長）、後輩にあたる鈴木正明氏（現・武蔵大学教授）には、当時から現在に至るまで研究や講義などに関して貴重なアドバイスをいただいています。また、大阪商業大学教授（当時）だった小川正博氏（現・青森大学特任教授）には、大学の教員になるきっかけを与えていただきました。ほかにも多くの方々からご指導と多大なるご厚情をいただきました。改めて感謝申し上げます。

　本書は令和 5 年度大阪商業大学出版助成費を受けて刊行されたものです。筆者に研究と教育の機会を与えていただいた大阪商業大学および谷岡一郎学

長・理事長、孫飛舟副学長、西嶋淳副学長、本書の刊行を強く勧めていただいた南方建明教授をはじめ、先輩、同僚、職員のみなさまには深く感謝申し上げます。なお、出版助成費の審査にあたって匿名の選考委員から貴重な指摘をいただきました。データ等の制約によって対応できなかった点はあるものの、多くの指摘を反映いたしました。

　さらに、出版状況の厳しいなかで出版を引き受けていただいた同友館の脇坂康弘社長、出版部の佐藤文彦氏に対して心から感謝申し上げます。

　最後に、妻の栄子と2人の娘（星祐子、金光寛子）にも、この場を借りて感謝します。

2023 年 3 月

村上　義昭

目　次

●序　章　本書の問題意識と構成

●第1章　開業者の斯業経験

●第2章　開業者の勤務経験
〜どのような企業での勤務経験が開業者にとって望ましいのか〜

本書の問題意識と構成

1　問題意識

　1999 年に中小企業基本法が全面改正され、基本方針の一つに「創業の促進」があげられた。新規開業企業は雇用の創出や地域経済の活性化、イノベーションの促進など、さまざまな社会的役割を果たすと期待されることから、開業支援は中小企業政策の柱の一つになった。

　それ以降、いかに開業企業数を増やすかが政策目標として掲げられている。例えば、1999 年の「経済新生対策」では、5 年後に年間開業企業数を 10 万社程度増加させることが目標として掲げられた（表 1）。2001 年には「新市場・雇用創出に向けた重点プラン」（通称「平沼プラン」）において、新規開業を 5 年間で倍増させることとされた。さらに、2007 年の経済財政諮問会議「経済財政改革の基本方針」（同「骨太方針」）では、開業率[*1]を欧米並みの10％を念頭に置いて着実に引き上げることが掲げられた。それ以降、多少の表現の違いや補助指標が採用された時期があるものの、「日本再生戦略」（2012 年、民主党政権）、「日本再興戦略」（2013 年〜2016 年）、「未来投資戦略」（2017 年、2018 年）、「成長戦略フォローアップ」（2019 年、2020 年）、「令和 2 年度革新的事業活動実行計画重点施策に関する報告書」（2021 年）と継続して、開業率が政策目標として掲げられた。この間、日本の開業動向がなかなか活発化しないこともあり、政策的な関心は開業数（あるいは開業率）という量的側面に重きを置いていたといえる。

　しかしながら、どんなに多くの企業が生まれたとしても、開業後に経営を維

表1 開業に関する政策目標

公表年	名称	目標
1999	経済新生対策	5年後において、年間開業企業数を10万社程度増加(現在14万社)。
2001	新市場・雇用創出に向けた重点プラン(「平沼プラン」)	新規開業を5年間で倍増させる。
2007	経済財政諮問会議	開業率を欧米並みの10%を念頭に置いて着実に引き上げる。
2012	日本再生戦略	開業率が廃業率を定常的に上回る(2020年まで)。
2013	日本再興戦略	①開業率が廃業率を上回る状態にし、米国・英国レベルの開業率・廃業率10%台(現状約5%)を目指す。
2014	日本再興戦略	上記①の進捗状況をフォローアップ
2015	日本再興戦略	上記①の進捗状況をフォローアップ
		②「起業家精神に関する調査」(Global Entrepreneurship Monitor)の「起業活動指数」を今後10年間で倍増させる補助指標を採用。
2016	日本再興戦略	上記①および②の進捗状況をフォローアップ
2017	未来投資戦略	上記①および②の進捗状況をフォローアップ
2018	未来投資戦略	上記①の進捗状況をフォローアップ
2019	成長戦略フォローアップ	上記①の進捗状況をフォローアップ
2020	成長戦略フォローアップ	③開業率が米国・英国レベル(10%台)になることを目指す。
2021	令和2年度革新的事業活動実行計画重点施策に関する報告書	上記③の進捗状況をフォローアップ
2022	スタートアップ育成5カ年計画	目標については、創業の「数」(開業数)のみではなく、創業したスタートアップの成長すなわち「規模の拡大」にも、同時に着目することが重要である。そこで、創業の絶対数と、創業したスタートアップの規模の拡大を包含する指標として、スタートアップへの投資額に着目する。

資料:筆者作成

持できなければ、新規開業企業に期待されている社会的な役割を果たすことは難しい。開業の量的側面だけではなく、質的側面、つまり少なくとも存続しうる企業が開業することも重要である。実際に、2022年11月に「新しい資本主義実現会議」が決定した「スタートアップ育成5か年計画」では、「目標については、創業の『数』(開業数)のみではなく、創業したスタートアップの成長すなわち『規模の拡大』にも、同時に着目することが重要である」と指摘

している（新しい資本主義実現会議 2022a、p.2）[*2]。

　新規開業企業の経営の「質」を大きく左右するのは、開業者のもつ経営能力である。開業者は開業前にもっている人的資本と社会的資本（人的ネットワーク）を能力の初期値として事業経営を始め、そして経営経験を重ねるにつれて能力は高まっていく。そして開業直後の業績の良し悪しは能力の初期値に大きく依存する。そこで本書では、開業に必要な能力を獲得する経路に着目する。開業者は開業前にどのような経路を通じて、開業に必要な能力（開業能力）を獲得したのだろうか。

　なお、開業能力とその獲得経路については、次に示す Shane（2003）の考え方に依拠する。

　Shane（2003）によると、開業には販売、交渉、リーダーシップ、計画、問題解決、組織化、コミュニケーションなどの能力が必要である。そして、これらの能力を獲得する経路として、教育、職業経験を指摘している。このうち職業経験については、一般的な職業経験、専門業務の経験、特定業界における経験、起業経験などに分類している。一般的な職業経験とは、ビジネスに共通する財務や販売、交渉、問題解決、コミュニケーションなどの基本的な経験を指す。一方、専門業務の経験とは、マーケティングや製品開発、マネジメントなど、特定の機能に特化した経験を指す。また、特定業界における経験とは参入しようとする業界や市場における経験を指し、起業経験は新規事業立ち上げの経験を指す[*3]。さらに Shane（2003）は、開業能力の獲得経路として社会的つながりもあげる。開業するには経営資源や情報にアクセスしなければならないが、これらは開業者の社会的なつながり、すなわち社会的資本によって得られることが多いからである。

2　本書の構成

　以上のような問題意識にもとづいて、本書は次のように構成されている。
　まず第 1 章から第 4 章までは、開業者の経験を取り上げる。能力を獲得す

る大きな経路は、開業するまでに開業者が積んだ経験である。

第1章では、開業者の斯業経験（開業した事業に関連する仕事の経験）を取り上げる。斯業経験を通じて事業機会を発見することができる[*4]とともに、開業に必要なスキルやネットワークなども得られるであろう。斯業経験が能力を獲得する経路であるとすれば、斯業経験は開業直後の業績を高めるはずである。そこで第1章では、斯業経験と開業直後の業績との関係を分析する。また、たんなる斯業経験の有無や長さだけではなく、斯業経験の積み方にも注目し、斯業経験の積み方によってどのような能力が得やすくなるのかを探る。

第2章では、開業者の勤務経験を取り上げる。注目するのは、開業直前に勤務していた企業（＝「出身企業」）の属性（規模、業歴、業績）である。どのような企業に勤務すれば、スキルやネットワークなどを獲得しやすいのだろうか。出身企業の属性と従業員の開業確率との関係、そして開業者の業績との関係を探る。

第3章では、開業者の経営経験を取り上げる。開業者の多くは開業の「初心者」である。しかしながら、経営経験のある開業者、すなわち①事業を経営しながら、新たに別の事業を開業する人、②過去に経営していた事業を辞め、その後新たに開業する人も、無視できない程度存在する。こうした経営経験も開業に必要な能力を獲得する経路の一つである。彼らはなぜ新たに事業を開業したのか、そして経営経験は新たに開業した事業の業績を高めるのだろうか。

第4章では、「副業起業」を取り上げる。近年、開業の一つの形態として勤務しながら副業として起業する形態（＝「副業起業」）が注目され、政策的に推進されている。その前提として、①副業として事業を始め、勤務しながら経営経験を積めば経営能力が獲得できることから、その後事業を本格化させた際に失敗のリスクが引き下げられること、②その結果、リスクテイク志向が相対的に弱い人であっても開業に踏み切りやすくなることが想定されている。はたして、それらの前提は正しいのだろうか。

開業時に必要となる能力の大きな獲得経路は開業者自身である。しかし、開

業者1人だけで必要な人的資本のすべてをカバーできるとは限らない。企業として成長を図る場合はなおさらである。そこで第5章では、必要な人的資本などの担い手として、開業時の従業員を取り上げる。開業直後の企業にとって、どのような従業員が望ましいのだろうか。つまり、「だれが開業するのか」ではなく「だれと開業すればよいのか」に注目する。

第6章では、開業者の人的ネットワークを取り上げる。人的ネットワークも経営能力の獲得経路であることから、開業者の人的ネットワークから得られる「インフォーマルな支援」に注目し、開業直後の業績に良好な影響をもたらすのはどのようなネットワークからの支援であるのかを分析する。

以上の分析を通じて、開業直後の業績を高める能力を獲得する経路が明らかになれば、将来の開業を目標としている人だけではなく、開業支援に携わる人や組織にとっても有用な示唆が得られるのではないだろうか。

3　新規開業企業を対象とする調査体系

第1章〜第6章は、筆者が日本政策金融公庫総合研究所に所属していた際に執筆した論文をベースとしている（表2）[*5]。同研究所は新規開業企業を対象とする複数の調査を行っており、各章ではそれらをデータとして利用した。そこで、同研究所が行っている調査の特徴などをあらかじめ簡単に整理しておきたい。

同研究所が新規開業企業を対象として定期的に行っている調査は、「新規開業実態調査」「新規開業パネル調査」「起業と起業意識に関する調査」の三つである[*6]。

「新規開業実態調査」は1969年度に国民金融公庫調査部（現・日本政策金融公庫総合研究所）が行った調査を嚆矢とする。高度経済成長期の真っ只中にあった当時、中小企業数は大きく増加していた。同調査は、当時の通説であった二重構造論に異を唱え、中小企業の増加が社会的に望ましい現象であると主張した。その後、1970年度、1972年度にも新規開業実態調査を行い、高度

表2　各章の初出

章	掲載時の論文名	掲載書
第1章	開業者の斯業経験	日本政策金融公庫総合研究所編『新規開業白書（2011年版）』佐伯印刷、pp.67-94
第2章	新規開業企業はどのような母体企業から生まれやすいのか－母体企業の属性と従業員の開業および開業後のパフォーマンスとの関係を探る－	日本政策金融公庫総合研究所編『新規開業白書（2016年版）』佐伯印刷、pp.83-128
第3章	経営経験者の開業－「2016年度新規開業実態調査（特別調査）」より－	日本政策金融公庫総合研究所編『新規開業白書（2017年版）』佐伯印刷、pp.33-74
第4章	副業起業は失敗のリスクを小さくする－「起業と起業意識に関する調査」（2016年度）より－	日本政策金融公庫総合研究所編『新規開業白書（2017年版）』佐伯印刷、pp.75-105
	「副業起業」は起業家の幅を広げるか	日本中小企業学会編『新時代の中小企業経営　日本中小企業学会論集37』同友館、pp.167-179
第5章	新規開業企業のパフォーマンスを高める従業員は誰か	日本政策金融公庫総合研究所編『新規開業白書（2009年版）』中小企業リサーチセンター、pp.137-183
第6章	開業者の人的ネットワークから得られる支援の効果	日本政策金融公庫総合研究所編『新規開業白書（2011年版）』佐伯印刷、pp.29-65

（注）本書をまとめるにあたって、日本政策金融公庫総合研究所から初出論文の掲載の許諾を得ている。そのうえで、個票データをもとに再分析して記述を改めたり、先行研究や新たな分析を追加したりするなど、初出論文から大きく手を加えている。

経済成長期における開業の実態を明らかにした。さらに、安定成長期における開業の特徴を明らかにした1982年度調査、バブル期における開業の特徴を明らかにした1989年度調査と、単発的に調査が行われた。

　新規開業実態調査が毎年行われるようになったのは、1991年度からである。調査対象は、国民金融公庫（現・日本政策金融公庫国民生活事業、以下「公庫」）が前年の4月～9月に融資した企業のうち、融資時点で開業後1年以内の企業（開業前の企業を含む）を原則とする[*7]。調査項目は二つに大別される。一つは、開業者のプロフィールや企業のさまざまな属性、開業費用とその調達など、時系列比較することができる固定項目である。もう一つは、調査年度ごとに設定された問題意識に沿って詳細に尋ねるテーマ項目である。出身企業の属性（第2章）や開業者の経営経験（第3章）、従業員の属性（第5

章）、開業時に受けた支援（第 6 章）などは、テーマ項目として設けられた質問を主として利用している。

　新規開業実態調査の大きな特徴として、① 30 年以上にわたって継続的に行われており、開業の担い手や開業費用などの変化を時系列で比較できること、②質問が多岐にわたり、しかも回収サンプルが多いことから詳細な分析ができることがあげられる。

　一方、調査対象が公庫の融資先である結果、二つのバイアスが生じていると考えられる。一つは、融資審査を通過した企業であること、つまり事業として成り立つであろうと評価された企業であり、一般的な開業企業よりも経営能力や経営資源の水準が相対的に高いというバイアスである。もう一つは、開業期に公庫から融資を受ける必要があることから生じるバイアスである。高額な資金を必要とせず融資を受けなくても開業費用をまかなえる企業や、公庫からの融資では間に合わないくらい高額の資金が必要な企業は調査対象にはならない。したがって、自己資金だけで開業するフリーランスや副業として開業する人、上場企業の子会社として設立される企業、大きな開業資金を必要とするベンチャー企業などはほとんど含まれていない[8]。

　さらに、調査が開業から一定期間経過した時点（平均 14 か月程度）で行われることから、融資時点から調査時点までに廃業した企業がサンプルに含まれないサバイバル・バイアスも存在する。

　「新規開業パネル調査」はパネル調査、すなわち調査対象を固定して継続的に調査を行う手法を採用している。2001 年に開業した企業を対象に、2001 年末から 2005 年末にかけて毎年追跡調査を行った第 1 コーホートを皮切りとして、5 年周期で調査対象を入れ替えて実施されている。存続・廃業状況も含めて調査されておりサバイバル・バイアスがほとんど排除されていること、開業企業の経年変化を把握できることが大きな特徴である。しかしながら、公庫の融資先であることによるバイアスは依然として残っている[9]。

　「起業と起業意識に関する調査」はインターネットを用いた調査である。インターネット調査会社の登録モニター（18〜69 歳）から、「起業家」（直近約

6年間に自分で起業し、現在も経営している人)、「起業関心層」(経営の経験はないが、現在起業に関心がある人)、「起業無関心層」(経営の経験がなく、以前も今も起業に関心がない人)を抽出し、起業家には事業の概要などを、起業関心層、起業無関心層には起業していない理由などを尋ねている[*10]。この調査の特徴は、調査対象が公庫の融資先に限定されないこと、起業していない人の起業意識なども把握できること、実際の人口分布を反映した集計ができることがあげられる。その一方で、調査対象がインターネットを用いて回答できる人に限定されていること、インターネット調査は複雑な質問には向いていないといった制約がある。

　これら三つの調査には一長一短あるものの、それぞれの特性に合わせて分析すれば日本の新規開業の全体像を把握できるであろう。

　三つの調査のうち、本書で利用するのは、「新規開業実態調査」「起業と起業意識に関する調査」の二つである。なお「新規開業パネル調査」については、日本政策金融公庫総合研究所からコーホートごとに詳細な分析結果が刊行されているので、興味がある方は参照いただきたい[*11]。

● 注 記 ─────────────

＊1　期首の企業数に対する期中の新規開業企業数（年率換算）の比率を意味する。

＊2　政府の公表資料では、「スタートアップ」について明確に定義はされていないが、新しい技術やビジネスモデルによって新市場を開拓する、成長意欲の高い企業を意味するものと解釈されている（経済産業省中国経済産業局2019、上谷田2022）。

＊3　加藤（2022）は、人的資本を①教育、汎用的な職業経験を通じて得られる汎用的人的資本、②特定業界における経験、起業経験、技術的経験を通じて得られる特殊的人的資本に二つに分類している。

＊4　仕事を通じて事業機会を発見し、開業することで、結果的に当該仕事の経験は「斯業経験」となる。

＊5　ただし、本書をまとめるにあたって、個票データをもとに再分析して記述を改めたり、先行研究を追加したりするなど、大きく手を加えている。

＊6　新規開業実態調査は東京大学社会科学研究所附属調査・データアーカイブ研究センターに、新規開業パネル調査は慶應義塾大学経済研究所パネルデータ設計・解析センターに寄託されており、大学院生や研究者は申請すれば匿名化された個票データを利用することができる。

＊7　このような条件で抽出した新規開業企業を対象に行う調査は「定例調査」と呼ばれている。時系列比較に用いられるのは、この定例調査である。さらに、定例調査以外に調査対象を拡張して調査が行われることもある。拡張された調査対象を含めて行われる調査は「特別調査」と呼ばれている。定例調査よりも多くのサンプルを得ており、詳細な分析などに用いられる。第1章および第6章で用いた2010年度調査は、前々年の10月から前年の9月に公庫が融資した企業のうち、融資時点で開業後1年以内（開業前の企業を含む）を調査対象とした「特別調査」のデータを用いている。

＊8　このほかに、融資の非対象業種（金融業など）も調査対象に含まれていない。

＊9　例えば、「調査対象企業が国民生活金融公庫の融資先であるから、日本の新規開業企業の全体像が描かれたとは言えまい」（伊藤、2009）と指摘されている。

＊10　2019年度調査から、調査対象の選別方法を一部改めて、「起業家」をさらに細分化している。

＊11　分析結果は次の図書にまとめられている。

①樋口美雄・村上義昭・鈴木正明・国民生活金融公庫総合研究所編著『新規開業企業の成長と撤退』勁草書房、2007年

②日本政策金融公庫総合研究所編集、鈴木正明著『新規開業企業の軌跡　パネルデータにみる業績、資源、意識の変化』勁草書房、2012年

③日本政策金融公庫総合研究所編集、深沼光・藤田一郎著『躍動する新規開業企業　パネルデータでみる時系列変化』勁草書房、2018年

④日本政策金融公庫総合研究所編集、武士俣友生・井上考二・長沼大海著『21世紀を拓く新規開業企業　パネルデータが映す経済ショックとダイバーシティ』勁草書房、2023 年

開業者の斯業経験

1 問題意識と先行研究

　開業者にとって斯業経験（開業した事業に関連する仕事の経験）はきわめて
重要である。斯業経験は事業機会を発見する場であるとともに、事業を営むた
めに必要となるさまざまな能力を獲得する場でもあるからだ。とくに後者に関
しては、斯業経験の有無や年数などが開業者のもつ人的資本の水準を左右し、
その結果、開業直後のパフォーマンスに影響を及ぼすと考えられている[*1]。

　先行研究を見ると、斯業経験の有無や年数が新規開業企業のパフォーマンス
に及ぼす影響を分析した実証研究は数多く存在する。例えば、Brüderl et al.
(1992) によると、斯業経験[*2]は新規開業企業の廃業確率を低下させるとい
う関係が見られる。Van Praag（2003）も同様の結論を得ている。また、
Siegel et al. (1993) や Colombo and Grilli (2005) は、斯業経験が新規開業
企業の成長と正の相関関係にあることを示している。さらに、Cooper et al.
(1994) や Gimeno et al. (1997) は、斯業経験が新規開業企業の存続と成長
の両方に対して寄与していることを示している。

　国内においても、鈴木（2007）は、斯業経験年数が長いほど新規開業企業
の廃業確率が低いことを示している。廃業を自発的廃業と非自発的廃業に分け
て新規開業企業の存続・廃業状況を分析した鈴木（2012a）も、同様の結論を
得ている。ただし、存続・廃業に及ぼす斯業経験の効果は開業後2〜3年程度
にとどまる。さらに鈴木（2012b）は、斯業経験が長いほど月商増加率や黒字
確率を高めることを示している。また本庄（2004）は、斯業経験があること

で開業直後の業績が高まる傾向にあることを示している。同様に、玄田（2001）や中小企業庁（2002）は、斯業経験年数が長いほど、新規開業企業の業績は良好であることを示している[*3]。

　一方で、斯業経験は開業後の成長に対して有意な関係が見られないとする研究も少なくない（安田 2004、熊田 2010、深沼 2019 など）。また岩田（2012）は、斯業経験が新規開業企業の存続にとって重要であることを前提としたうえで、たとえ斯業経験がなくても経済的な余裕や企業家的才能があれば存続・成長できることを仮説として示し、事例調査によって検証している。

　本章では、斯業経験と開業直後の業績との関係を探る。ここで注目するのは、たんなる斯業経験の有無や長さだけではない。開業者が斯業経験を積むことで獲得できる能力の種類や水準は斯業経験の積み方によっても異なるのではないか、という問題意識を背景に、斯業経験の積み方についても注目する。本章の特徴はこの点にある。

　本章の構成は次のとおりである。2節では斯業経験と開業直後の業績との関係を確認する。3節では、事業機会を発見する場としての斯業経験の役割を考える。4節では、どのような能力が開業直後の業績を高めるのかを見たうえで、それらの能力を獲得するにはどのような斯業経験の積み方が有効であるのかを探る。そして5節では、以上の分析をもとに総括する。

　分析にあたっては、日本政策金融公庫総合研究所「新規開業実態調査（特別調査）」（2010 年）のデータを用いる（表 1-1）。開業してから平均 17.2 カ月経過した時点で行われた調査である。

表 1-1　「新規開業実態調査（特別調査）」（2010 年）の調査要領

調査時点	2010 年 8 月
調査対象	日本政策金融公庫（国民生活事業）が 2008 年 10 月から 2009 年 9 月にかけて融資した企業のうち、融資時点で開業後 1 年以内の企業（開業前の企業を含む）11,199 社
調査方法	調査票の送付・回収ともに郵送、回答は無記名
回収数	2,907 社（回収率 26.0%）

資料：日本政策金融公庫総合研究所「新規開業実態調査（特別調査）」（2010 年）（以下同じ）

2　斯業経験と新規開業企業の業績

　まず、斯業経験の有無や年数と開業直後の業績との関係を確認する。そもそ
も斯業経験は業績に影響を及ぼすのだろうか。

（1）斯業経験の有無と年数

　まず、開業者の斯業経験の有無や年数を見ておこう。

　斯業経験の有無を見ると、開業者の88.4％が斯業経験を有しており、斯業
経験なしで開業している割合は11.6％にすぎない（図1-1）[4]。

　斯業経験を有する開業者について経験年数を見ると、経験年数が「1〜4年」
と短い開業者の割合は11.8％にすぎず、「10〜19年」（40.8％）、「20年以上」
（26.3％）と長期間に及ぶ者が約3分の2を占める。平均経験年数は14.1年

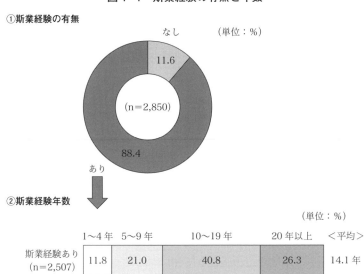

図1-1　斯業経験の有無と年数

①斯業経験の有無 （単位：％）

なし 11.6 / （n=2,850）/ あり 88.4

②斯業経験年数 （単位：％）

	1〜4年	5〜9年	10〜19年	20年以上	＜平均＞
斯業経験あり（n=2,507）	11.8	21.0	40.8	26.3	14.1年

（注）「斯業経験」とは現在の事業に関連する仕事の経験を指す（以下同じ）。

であるが、斯業経験がない者を0年として計算すると、平均経験年数は12.5年になる。

（2）斯業経験と業績との関係（クロス集計による分析）

　次に、斯業経験の有無や斯業経験年数と開業直後の業績との関係を確認する。

　業績を示す指標として、従業者数の変化が用いられることがある。例えば、先に見た鈴木（2012b）、深沼（2019）では開業後おおむね5年間の従業者数の変化によって急成長企業かどうかを判定し、急成長企業になる確率を分析している。しかしここでは、業績を示す指標として目標月商達成率を用いる。目標月商達成率とは、開業前に目標としていた月商に対する現在の月商の比率である。目標月商達成率を用いる理由の一つは、開業後の経過月数が平均17.2か月と短いからである。このため、業績が従業者数の増減に十分に反映していないかもしれない。もう一つの理由は、開業直後に多くの開業者が重視することは、成長することよりも事業を軌道に乗せることであるからだ。そもそも、すべての開業者が必ずしも成長を志向しているとは限らない。そこで、開業前に目標とした月商の達成状況が、事業が軌道に乗ったかどうかの一つのベンチマークになると考え、業績を示す指標として目標月商達成率を採用することにした[5]。なお、同業他社と比べた現在の業況も業績を示す指標として補助的に用い、分析結果に大きな違いが生じていないかどうかを確認する。

　図1-2は斯業経験の有無別、年数別に目標月商達成率を見たものである。目標月商を達成した企業の割合は、「斯業経験なし」では19.6％にすぎないのに対して「斯業経験あり」では36.5％と明らかに高い[6]。また平均目標月商達成率も同様に、「斯業経験なし」（73.1％）よりも「斯業経験あり」（88.6％）のほうが明らかに高い[7]。

　一方、「斯業経験あり」について斯業経験年数別に見ると、目標月商を達成した企業割合は「5〜9年」の企業では39.4％と高水準であるが、それ以外の企業では大きな差異は見られない。また平均目標月商達成率は「1〜4年」の

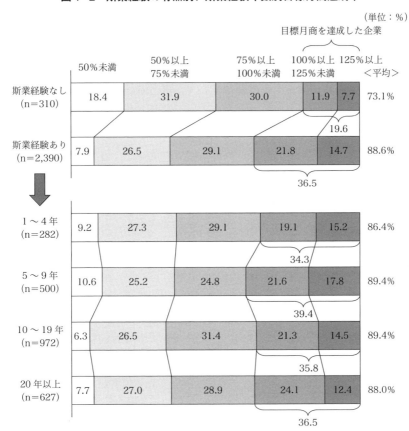

図1-2　斯業経験の有無別、斯業経験年数別目標月商達成率

(単位：%)

(注) 1　目標月商達成率（%）＝現在の月商÷開業時に目標としていた月商×100
　　　2　目標月商達成率が平均±（3×標準偏差）の範囲内で集計した。以下同じ。

企業が86.4%と相対的に低いが、それ以外の企業では大きな差異はない。

　斯業経験と目標月商達成率とをクロス集計すると、斯業経験の有無は目標月商達成率を大きく左右するが、斯業経験年数が長いからといって必ずしも目標月商達成率が高いとはかぎらないといえる[8]。しかし、企業の業績は斯業経験だけではなく、さまざまな要因が絡みあっており、クロス集計による分析だけでは不十分である。そこで、計量モデルを用いた分析を行い斯業経験と業績

との関係を見てみよう。

（3）斯業経験と業績との関係（計量モデルによる分析）

① 説明変数

ここでは業績に影響を及ぼす要因として、以下の説明変数を想定する（表1-2）。

第1のグループは事業内容である。業種とフランチャイズチェーン（FC）加盟状況、ベンチャービジネスかどうかを説明変数として採用した。

業種については、12の業種ごとにダミー変数を作成した。

FC加盟状況については、加盟を1とするダミー変数を用いる。一般的にFCでは、チェーン本部が加盟者に対して商材を提供したり、研修や指導などを行ったりしている。このため、業績に対して正の相関が予想される。

開業した事業がベンチャービジネスだと自己評価しているかどうかについては、選択肢（「ベンチャービジネスである」「ベンチャービジネスではない」「わからない」）ごとにダミー変数を作成し、「ベンチャービジネスではない」を参照変数とした。一般的に、ベンチャービジネスは事業内容が顧客に認知されるまでに時間がかかることから、開業直後の時期に目標月商を達成することは難しいと思われる。したがって、業績に対して負の相関が予想される。

第2のグループは企業規模である。開業時の従業者数を説明変数として採用する。鈴木（2007）と同様、企業規模は業績に対して正の相関を示すことが予想される。

第3のグループは、人的資本の獲得に関わりがあると思われる開業者の属性である。性別、開業時の年齢、最終学歴、斯業経験、管理職経験の有無を説明変数として採用した。

性別については、女性を1とするダミー変数を用いる。先行研究では、性別と開業後のパフォーマンスとの間に一致した結果が得られていない。鈴木（2007）は新規開業企業を追跡したパネルデータをもとに、性別によって存続・廃業状況に差は見られないとしている。また本庄（2004）、中小企業庁

表 1-2　推計に利用する変数①

変数			平均値	標準偏差	観測数
業績	目標月商達成率（％）		86.772	36.486	2,755
	同業他社と比べた現在の業況 （該当＝1、非該当＝0）	かなり悪い	0.074	0.262	2,789
		やや悪い	0.306	0.461	2,789
		やや良い	0.556	0.497	2,789
		かなり良い	0.063	0.244	2,789
事業内容	業種 （同上）	建設業	0.083	0.277	2,901
		製造業	0.047	0.212	2,901
		情報通信業	0.027	0.162	2,901
		運輸業	0.039	0.194	2,901
		卸売業	0.077	0.267	2,901
		小売業	0.142	0.349	2,901
		飲食店、宿泊業	0.125	0.331	2,901
		医療、福祉	0.150	0.357	2,901
		教育、学習支援業	0.018	0.133	2,901
		個人向けサービス業	0.144	0.352	2,901
		事業所向けサービス業	0.090	0.286	2,901
		その他	0.057	0.231	2,901
	フランチャイズチェーン加盟状況（加盟＝1、非加盟＝0）		0.060	0.237	2,893
	ベンチャービジネスかどうか（該当＝1、非該当＝0）	ベンチャービジネスである	0.100	0.300	2,883
		ベンチャービジネスではない	0.795	0.404	2,883
		わからない	0.105	0.306	2,883
企業規模	開業時の従業者数（人）		4.144	8.463	2,828
開業者の属性	性別（女性＝1、男性＝0）		0.148	0.355	2,896
	開業時の年齢（歳）		42.179	10.349	2,829
	最終学歴 （該当＝1、非該当＝0）	中学・高校卒業	0.379	0.485	2,886
		高専・専修・各種学校卒業	0.254	0.436	2,886
		短大・大学・大学院卒業	0.367	0.482	2,886
	斯業経験の有無（あり＝1、なし＝0）		0.884	0.321	2,850
	斯業経験年数（年）		12.458	9.627	2,839
	管理職経験の有無（あり＝1、なし＝0）		0.752	0.432	2,838
その他の変数	開業後の経過月数（月）		17.181	6.621	2,836
	開業の準備に要した月数（月）		11.296	18.910	2,738

（2002）では、性別の違いによって新規開業企業の業績に及ぼす影響は小さいと報告している。一方で、男性開業者のほうが廃業確率が高いという分析（深沼 2018）や男性開業者のほうが業績が良いという分析（Honjo 2004）、逆に女性開業者のほうが業績が良いという分析（安田 2010）もある。

　開業時の年齢に関しては、鈴木（2007）は新規開業企業の存続に対して負の相関関係にあると指摘している。その理由として、①年齢が高くなるほど技術などの変化に対応する柔軟性が失われることから、年齢の高い開業者は変化に追いつけなかった可能性があること、②体力の衰えによって開業直後の激務に耐えにくくなることなどをあげている。本庄（2004）でも、開業年齢が高いほど業績は低くなることを示している。したがって、ここでも同様の結果を予想する。

　最終学歴については、「中学・高校卒業」「高専・専修・各種学校卒業」「短大・大学・大学院卒業」の3カテゴリーごとにダミー変数を作成し、「中学、高校卒業」を参照変数とした。教育を通じて分析力や判断力、問題解決能力などが高まることから、教育年数が長い短大・大学・大学院卒業者の業績は相対的に良好であることが想定される。実際に、存続・廃業状況を分析した深沼（2018）や開業後の売上高成長率を分析した Honjo（2004）では、想定通りの結果が得られている。ただし、最終学歴と存続・廃業状況、業績との間に有意な関係が確認されないとする結果も多い（玄田 2001; 本庄 2004; 鈴木 2007 など）。

　斯業経験については、斯業経験の有無と斯業経験年数を用いる。前者は斯業経験ありを1とするダミー変数である。後者では斯業経験なしを0年とみなした。

　管理職経験の有無は人や組織を動かすマネジメント能力に関わる説明変数である。新規開業企業の経営には開業者自身の能力が大きなウエイトを占めるとはいえ、開業者が一人でできることには限界がある。より良い業績をあげるには、従業員の能力を活用することが不可欠だ[*9]。それには、従業員の能力を引き出して組織を動かすマネジメント能力が経営者に備わっていなければなら

ない。したがって、管理職経験は業績に対して正の相関が予想される。

　第4のグループはその他の変数である。目標月商を達成するまでにはある程度時間がかかることから、開業後の経過月数をコントロールする。また、開業の準備に時間をかけ計画の完成度を高めることで目標月商を達成しやすくなると考えられることから、開業の準備に要した月数も用いる。

　これら4グループの説明変数のうち、注目するのは斯業経験である。目標月商達成率を被説明変数として最小二乗法によって推計を行う（推計①②）。同様に、被説明変数として同業他社と比べた業況を用いた推計（順序プロビット分析）も行う（推計③④）。推計①③では斯業経験の有無を説明変数として用い、推計②④では斯業経験年数を用いた。

②　推計結果

　結果は表1-3のとおりである。斯業経験に関して結果を見る前に、推計①をもとに主な変数について見ておこう。

　FC加盟状況を見ると、係数は予想とは異なり負であるが有意ではない。FCに加盟したとしても、目標月商達成率に対して大きな影響を及ぼさない。ベンチャービジネスかどうかについては、「ベンチャービジネスである」の係数は予想通り有意に負の値となっている。ベンチャービジネスは開業直後の時期に目標月商を達成するのは難しいといえそうだ。

　企業規模については、係数は有意な正の値となっている。従業者数が多いほど目標月商達成率は高まるといえる。

　開業者の性別については、目標月商達成率との間に有意な関係は見られない。開業時の年齢は予想通り負の係数をとり、有意水準も高い。開業時の年齢が高いほど、開業直後の目標月商達成率は低水準であるといえる。最終学歴については、高専・専修・各種学校卒業は正の係数、短大・大学・大学院卒業は負の係数であるが、いずれも有意ではない。最終学歴は目標月商達成率に対して大きな影響を及ぼさない。管理職経験については、予想どおり有意に正の係数をとる。管理職経験は目標月商達成率を高めるといえる。

では、斯業経験についてはどのような推計結果が得られたのだろうか。

推計①によると、斯業経験の有無は目標月商達成率と有意に正の相関関係にある。これはクロス集計の結果と整合的である。

また、斯業経験年数と目標月商達成率との相関関係はクロス集計では必ずしも明らかではなかったが、推計②では有意な正の相関関係が見られる。クロス集計において明確な相関関係が見られなかったのは、クロス集計では年齢の影響が分離されていなかったからである。先に見たとおり、開業時の年齢と目標

表1－3　推計結果①

推計方法	推計①、②：最小二乗法 推計③、④：順序プロビット分析		推計①	
			係数	標準誤差
被説明変数			目標月商達成率（%）	
説明変数	事業内容	業種	（記載省略）	
		フランチャイズチェーン加盟状況	−0.917	2.769
		ベンチャービジネスかどうか　ベンチャービジネスである	−9.880	2.692 ***
		ベンチャービジネスではない	（参照変数）	
		わからない	0.686	2.632
	企業規模	開業時の従業者数（対数）	5.381	0.926 ***
	開業者の属性	性別	0.530	2.063
		開業時の年齢	−0.325	0.075 ***
		最終学歴　中学・高校卒業	（参照変数）	
		高専・専修・各種学校卒業	0.428	2.067
		短大・大学・大学院卒業	−0.507	1.748
		斯業経験の有無	13.490	2.258 ***
		斯業経験年数		
		管理職経験の有無	4.007	1.680 **
	その他の変数	開業後の経過月数	0.230	0.123 *
		開業の準備に要した月数	0.004	0.034
定数項			74.208	4.887 ***
（擬似）決定係数			0.056	
観測数			2,449	

（注）　1　標準誤差欄の * は有意水準が10%、** は同5%、*** は同1%を意味する。以下同じ。
　　　　2　推計①の VIF の最大値は1.98（個人向けサービス業ダミー）、推計②は1.99（同）、推計③は1.97（同）、推計④は1.98（同）であり、説明変数間の多重共線性は検出されなかった。

月商達成率との間には有意に負の相関関係がある。開業時の年齢が高いほど目標月商達成率は低いということだ。一般的に、斯業経験年数が長くなるにつれて開業時の年齢も高くなることから、斯業経験を重ねることによるプラスの効果が加齢に伴うマイナスの効果によって相殺されてしまい、クロス集計では斯業経験年数と目標月商達成率との間に明確な関係が見られなかったのである。

　目標月商達成率の代わりに同業他社と比べた業況を被説明変数とする推計③、推計④によると、斯業経験の有無、斯業経験年数は有意に正の相関関係が

推計②		推計③		推計④	
係数	標準誤差	係数	標準誤差	係数	標準誤差
目標月商達成率（%）	同業他社と比べた業況（「とても悪い」＝1～「とても良い」＝4）				
（記載省略）		（記載省略）		（記載省略）	
−1.916	2.753	−0.007	0.105	−0.018	0.104
−9.412	2.702 ***	0.110	0.085	0.115	0.085
（参照変数）		（参照変数）		（参照変数）	
1.248	2.667	0.146	0.079 *	0.158	0.079 **
5.438	0.926 ***	0.172	0.031 ***	0.175	0.032 ***
1.951	2.105	−0.024	0.070	−0.004	0.071
−0.549	0.078 ***	−0.013	0.003 ***	−0.017	0.003 ***
（参照変数）		（参照変数）		（参照変数）	
0.111	2.073	−0.021	0.066	−0.029	0.066
−0.169	1.762	−0.061	0.055	−0.061	0.055
		0.237	0.079 ***		
0.445	0.083 ***			0.007	0.003 **
4.182	1.692 **	0.156	0.056 ***	0.162	0.056 ***
0.260	0.124 **	0.011	0.003 ***	0.012	0.003 ***
0.004	0.034	0.002	0.001	0.002	0.001
89.185	4.266 ***				
0.054		0.025		0.025	
2,442		2,377		2,370	

見られる。また、その他の説明変数についても、推計①②とおおむね同様の結果が得られている。

　以上のとおり、斯業経験の有無や長さは開業直後の業績を大きく左右する。そのプロセスは二つ考えられる。一つは、斯業経験を重ねるなかで顧客の声を聞くなどして有望な事業機会を発見し、その結果良好な業績を確保できるというプロセスである。もう一つは、斯業経験を重ねるにつれ事業に必要なスキルやネットワークなどが開業者の人的資本としてより多く蓄積し、開業直後の業績を高めるというプロセスである。前者については3節において、後者については4節において検討する。

3　斯業経験と事業機会

　まず、斯業経験を通じて有望な事業機会を発見したことで良好な業績をあげるというプロセスについて見ていこう。取引先やユーザーの不満に気づき、それを解消する事業を思いついたり、勤務先の仕事のやり方に疑問を感じ、開業して自分ならではのやり方を追求したりする企業などが該当する。例えば次のA社は、勤務先である商品に出会ったことによって事業機会を発見した事例である[*10]。

＜事例1＞既存製品のパッケージを変えて贈答用に

> A社
> 事業内容：食料品・和菓子類の卸売り
> 開業時の従業者数：2人

　Rさんはもともとは専業主婦であったが、友人が出産退職するのに伴って友人の勤務先に後任者として勤務することになった。ニュージーランドの雑貨品や衣料品などを小売りする会社である。そこで初めて、ニュージーランド産の

ハチミツに出会った。一つはニュージーランド原産のマヌカという木に咲く花から採れる「マヌカハニー」である。殺菌効果が高いことが特徴である。もう一つはハチミツがたっぷり入った巣を加工せずにそのまま容器に入れた「コムハニー」である。

　勤務先ではこれらをニュージーランドから輸入したパッケージのまま販売していた。あまり洗練されたデザインとはいえないパッケージであった。商品そのものは申し分ないのだから、高級感を感じさせるパッケージにすれば贈答用品として販売できはずだとRさんは考えた。勤務先にこのアイデアを提案したが、ハチミツだけを販売しているわけではないからと取り合ってもらえなかった。そこでRさんはアイデアを自らが実現しようと、7年間勤務した会社を辞め、前任者である友人と一緒にA社を設立した。

　デザインに自信のあったRさんは、コムハニーのプラスチック製の容器を白木で作ったパッケージに入れて木製のへらを添え、厚手の紙でラッピングしリボンを巻いた。結婚式の引き出物など贈答用品として十分に通用するパッケージである。

　販路の開拓にはある程度時間がかかったものの、こうして付加価値を高めた商品をA社はホテルやデパート、オーガニック商品を扱う店舗などを通じて販売するようになった。やがて、地元デパートのお歳暮カタログのトップページに掲載され、仕入れが追いつかないくらい売れるようになったという。

　この事例のように、斯業経験を通じて事業機会を発見し、開業に踏み切った開業者はどの程度存在するのだろうか。斯業経験の有無別に事業選択理由を見てみよう（図1-3）。

　9項目ある選択肢のうち、「これまでの仕事の経験を生かせるから」「身につけた技術や取得した資格が生かせるから」「趣味を生かせるから」を経験等活用型、「地域や社会が必要としていたから」「成長が見込めたから」「新しいアイデアやヒントを思いついたから」を事業機会発見型に大別すると、斯業経験のある開業者は経験等活用型が83.6％にのぼり、事業機会発見型は14.5％に

図1-3 事業選択理由（斯業経験の有無別、択一回答）

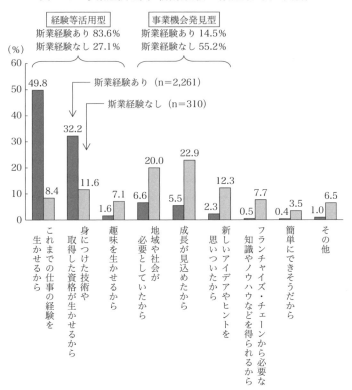

すぎない。この設問は最もあてはまる項目を一つだけ選択する形式であること
から、経験等活用型に回答が偏った側面もあると思われるものの、斯業経験を
通じて有望な事業機会を発見したケースはそれほど多くはなさそうである。

4 斯業経験によって高まる開業者の能力

　次に、斯業経験を重ねることで開業者はより高い能力を獲得し、その結果良
好な業績が得られるというプロセスについて検討しよう。ここではまず、どの
ような能力が業績に影響を及ぼしているのかを探り、次に業績に好影響を及ぼ

図1-4　開業時に経営者として自信をもっていた能力（複数回答）

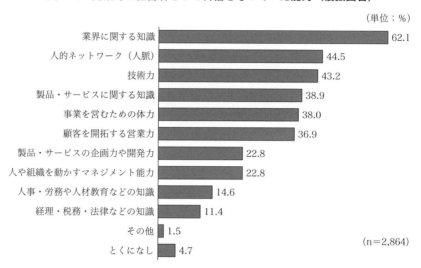

（単位：%）

業界に関する知識	62.1
人的ネットワーク（人脈）	44.5
技術力	43.2
製品・サービスに関する知識	38.9
事業を営むための体力	38.0
顧客を開拓する営業力	36.9
製品・サービスの企画力や開発力	22.8
人や組織を動かすマネジメント能力	22.8
人事・労務や人材教育などの知識	14.6
経理・税務・法律などの知識	11.4
その他	1.5
とくになし	4.7

（n＝2,864）

す能力が斯業経験によって獲得されているかどうかを検討する。

（1）業績に影響を及ぼす開業者の能力

　先に見た表1-3の推計では、開業者の属性である性別、開業時の年齢、最終学歴、斯業経験、管理職経験を説明変数として用いている。これらの属性は、開業者の人的資本の水準と深い関係にあると考えられるからだ。例えば斯業経験は業界に関する知識や技術力などの水準を決定するだろうし、管理職経験はマネジメント能力などを高めるだろう。つまり表1-3の推計は、経営に必要なさまざまな能力がどの程度獲得されているかを、開業者の属性によって間接的に測定したものであるといえるだろう。

　一方、アンケートでは開業時において経営者としてどのような能力に自信をもっていたかを尋ねている[11]。選択肢は「その他」を含めた11項目と「とくになし」からなる（図1-4）。このうち「とくになし」と回答した開業者の割合は4.7％にすぎない。つまり、大半の開業者が経営者として何らかの能力に自信をもっていたことになる。「業界に関する知識」に自信をもっていた開

業者の割合は62.1％にのぼり、「人的ネットワーク（人脈）」（44.5％）、「技術力」（43.2％）と続く。

　表1-4は、表1-3では開業者の属性によって間接的に推計していた経営者の能力が及ぼす影響を、開業者の自己評価による能力で直接推計しようとしたものである。すなわち、表1-3の推計で説明変数として用いていた開業者の属性の代わりに、開業者の能力を見た11項目を用いて推計している。これらは、自信がある能力として選択した項目を1、選択しなかった項目を0とするダミー変数である。

　推計結果によると、目標月商達成率（推計⑤）と同業他社と比べた業況（推計⑥）の両者に対して有意に正の相関関係を示しているのは、「業界に関する知識」（以下、「業界知識」）、「人的ネットワーク（人脈）」（同「人脈」）、「技術力」、「顧客を開拓する営業力」（同「営業力」）、「人や組織を動かすマネジメント能力」（同「マネジメント能力」）の5項目である。

　これら5項目の能力に関しては、次のように解釈できるだろう。「業界知識」が豊富であれば、ユーザーや消費者がどのようなニーズを抱え、これから何が流行しそうなのかといった業界全体のトレンドを把握でき、それを製品開発や品ぞろえなど経営に生かすことで業績が高まる。「人脈」が豊富であれば、取引先を紹介してもらったりアドバイスをもらったりするなど、さまざまな支援を受け、業績が高まるというプロセスが考えられる[12]。「技術力」については、技術力が高いほど同業他社に対して差別化が図られることから、より良好な業績をあげられるものと解釈できる。「営業力」は、当然のことながら開業直後の売り上げの確保に重要である。「マネジメント能力」は従業員の能力を引き出すために重要である。

　業績に対して有意な相関関係を見出せない項目もある。「製品・サービスに関する知識」は事業を営むにあたって当然もつべき能力であり、それに優れていたとしてもそれだけでは業績を高められないということだろう。「事業を営むための体力」については、たとえ体力に自信があっても営業力などほかの能力が伴わなければ、開業当初の売り上げに寄与することはないと解釈できる。

表 1-4　推計結果②

推計方法	推計⑤：最小二乗法 推計⑥：順序プロビット分析		推計⑤		推計⑥	
			係数	標準誤差	係数	標準誤差
被説明変数			目標月商達成率（％）		同業他社と比べた業況 （「とても悪い」＝1〜 「とても良い」＝4）	
説明変数	事業内容	業種	（記載省略）		（記載省略）	
		フランチャイズチェーン加盟状況	−0.836	2.781	0.035	0.102
		ベンチャービジネスである	−10.540	2.772 ***	0.016	0.086
		ベンチャービジネスかどうか　ベンチャービジネスではない	（参照変数）		（参照変数）	
		わからない	0.222	2.616	0.122	0.078
	企業規模	開業時の従業者数（対数）	5.210	0.942 ***	0.139	0.032 ***
	開業者の能力	開業時に経営者として自信をもっていた能力（該当＝1、非該当＝0）　業界に関する知識	4.524	1.570 ***	0.112	0.050 **
		人的ネットワーク（人脈）	6.633	1.529 ***	0.284	0.049 ***
		技術力	8.702	1.622 ***	0.181	0.053 ***
		製品・サービスに関する知識	−0.653	1.612	−0.072	0.051
		事業を営むための体力	−1.361	1.539	0.052	0.048
		顧客を開拓する営業力	4.146	1.645 **	0.243	0.052 ***
		製品・サービスの企画力や開発力	−2.350	1.866	0.117	0.059 **
		人や組織を動かすマネジメント能力	3.523	2.111 *	0.121	0.063 *
		人事・労務や人材教育などの知識	−1.830	2.214	0.054	0.072
		経理・税務・法律などの知識	0.242	2.406	0.064	0.076
		その他	6.071	5.694	0.147	0.216
	その他の変数	開業後の経過月数	0.257	0.121 **	0.011	0.003 ***
		開業の準備に要した月数	−0.003	0.033	0.001	0.001
定数項			66.507	3.083 ***		
（擬似）決定係数			0.062		0.040	
観測数			2,516		2,442	

（注）推計⑤の VIF の最大値は 1.99（個人向けサービス業ダミー）、推計⑥は 1.98（同）であり、説明変数間の多重共線性は検出されなかった。

「人事・労務や人材教育などの知識」「経理・税務・法律などの知識」について
は、開業者にこれらの知識が不足していたとしても、社会保険労務士や税理士
などの専門家に依頼すれば、多くのことは解決する。そのため業績との間に有
意な相関関係が生じていないのであろう。なお、「製品・サービスの企画力や
開発力」は、同業他社と比べた業況に対しては有意な正の関係が見られるが、
目標月商達成率に対しては有意な関係にはない。

（2）斯業経験によって獲得される能力

　開業直後の業績に対して有意に正の相関関係を示したのは、「業界知識」「人
脈」「技術力」「営業力」「マネジメント能力」の5項目であった。では、これ
らの能力は斯業経験によって獲得されているのだろうか。

　図1-5は5項目について自信をもっていた開業者の割合を斯業経験の有無
別に見たものである。「業界知識」については斯業経験のない開業者の14.0％
が自信をもっていたのに対して、斯業経験のある開業者は68.4％にのぼり、
斯業経験の有無によって大きな差異が見られる。同様に、「技術力」について
も斯業経験のない開業者（12.8％）と斯業経験のある開業者（47.1％）との
差異は大きい。「人脈」「営業力」は「業界知識」「技術力」ほどの差異はない

図1-5　「自信あり」と回答した開業者の割合（斯業経験の有無別）

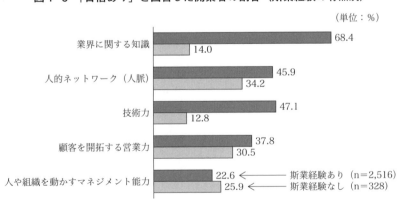

（単位：％）

業界に関する知識　68.4／14.0
人的ネットワーク（人脈）　45.9／34.2
技術力　47.1／12.8
顧客を開拓する営業力　37.8／30.5
人や組織を動かすマネジメント能力　22.6／25.9
←斯業経験あり（n=2,516）
←斯業経験なし（n=328）

が、それでも斯業経験のある開業者のほうが明らかに高い[13]。つまり、これら 4 項目は斯業経験によって獲得しやすい能力だといえるだろう。一方、「マネジメント能力」に自信をもっていた開業者の割合は斯業経験の有無によって大きな差異は見られない。

　次に、どのような斯業経験が望ましいのかを見ていくことにする。ここでは、たんなる経験年数の長さだけではなく、経験の積み方についても注目する。斯業経験年数が同程度であっても、その積み方によっては獲得できる能力の水準が異なると思われるからだ。そこで、斯業経験がある開業者を対象に、プロビット分析を用いて 5 項目の能力の自信の有無と経験の積み方との関係を分析する。

　被説明変数は「業界知識」「人脈」「技術力」「営業力」「マネジメント能力」の 5 項目である。先に述べたとおり、自信がある能力として選択した項目を 1、選択しなかった項目を 0 とするダミー変数である。したがって、説明変数の係数が正の値であれば、その能力に自信をもつ確率が高くなるということになる。

　斯業経験の長さや積み方に関する説明変数は、開業時の年齢、最終学歴、斯業経験年数、管理職経験の有無、斯業経験を積んだ勤務先の数、斯業経験を積んだ勤務先の従業員規模[14]、斯業経験を積んだ勤務先で担当した職種の幅の広さ、事業経営者となることを意識して仕事をしていたかどうか、の 8 変数である（表 1-5）。このうち、斯業経験を積んだ勤務先の従業員規模は、「9 人以下」「10 人以上 49 人以下」「50 人以上 299 人以下」「300 人以上」のそれぞれにダミー変数を作成し、「9 人以下」を参照変数とした。斯業経験を積んだ勤務先で担当した職種の幅の広さについては、「複数の職種を幅広く担当した」を 1 とし、「特定の職種を主に担当した」を 0 とするダミー変数である。同様に、事業経営者となることを意識して仕事をしていたかは、「意識して仕事をしていた」を 1、「あまり意識していなかった」を 0 とするダミー変数である。

　推計結果は表 1-6 のとおりである。それぞれの説明変数ごとに見ていこう。

表1-5 推計に利用する変数②

変数		平均値	標準偏差	観測数
開業時に経営者として自信の あった能力 (該当＝1、非該当＝0)	業界に関する知識	0.684	0.465	2,516
	人的ネットワーク（人脈）	0.459	0.498	2,516
	技術力	0.471	0.499	2,516
	顧客を開拓する営業力	0.378	0.485	2,516
	人や組織を動かすマネジメント能力	0.226	0.418	2,516
開業時の年齢（歳）		41.689	10.214	2,453
最終学歴 (該当＝1、非該当＝0)	中学・高校卒業	0.378	0.485	2,500
	高専・専修・各種学校卒業	0.262	0.440	2,500
	短大・大学・大学院卒業	0.360	0.480	2,500
斯業経験年数（年）		14.107	9.037	2,507
管理職経験の有無（あり＝1、なし＝0）		0.767	0.423	2,489
斯業経験を積んだ勤務先の数（社）		2.373	1.765	2,259
斯業経験を積んだ勤務先の従 業員規模 (該当＝1、非該当＝0)	9人以下	0.297	0.457	2,378
	10人以上49人以下	0.328	0.470	2,378
	50人以上299人以下	0.207	0.405	2,378
	300人以上	0.167	0.373	2,378
斯業経験を積んだ勤務先で担当した職種の幅の広さ (「複数の職種を幅広く担当した」＝1、「特定の職種を主に担当した」＝0)		0.362	0.481	2,260
事業経営者となることを意識して仕事をしていたか (「意識して仕事をしていた」＝1、「あまり意識していなかった」＝0)		0.678	0.467	2,484

(注) 1 いずれの変数も、斯業経験がある開業者について集計した。
2 「斯業経験を積んだ勤務先の従業員規模」は、複数の勤務先で斯業経験を積んだ場合には、そのうち勤務年数が最も長い勤務先の従業員規模を尋ねている。

① 開業時の年齢

たんに年齢を重ねるだけで必ず身につく能力は多くはない。推計結果を見ると、開業時の年齢と有意な正の相関関係があるのは「マネジメント能力」だけである。従業員は年下の経営者に命令されたりすると抵抗感を感じるかもしれないが、経営者が年長者であればそうした抵抗感もやわらぐだろう。開業時の年齢が高いほど「マネジメント能力」に自信をもつ開業者の割合が高まるのは、年長者になるほど従業員を使いやすくなるからだと考えられる。

逆に、「業界知識」「技術力」は開業時の年齢と負の相関関係が見られ、有意水準も高い。個人差は大きいと思われるが、これらは加齢とともに低下する能力だといえるだろう。一般的に、開業時の年齢が高くなるほど変化に対する柔軟性が乏しくなることから、業界の新しい動きや技術の変化などに追いつきにくくなる傾向が強まるものと考えられる。

先に見た表1-3の推計において、開業時の年齢は業績（目標月商達成率、同業他社と比べた業況）との間に有意な負の相関関係が生じていた。これは、加齢とともに「業界知識」や「技術力」が低下することが大きな要因であると解釈できる。

② 最終学歴

最終学歴については、「高専・専修・各種学校卒」が「技術力」との間に有意な正の相関関係が見られる。高等専門学校、専修学校、各種学校の多くは、職業能力を育成している。例えば、工業高等専門学校や美容、ファッション、デザイン、情報処理関係などの各種学校には、専門技術を実習によって習得する課程がある。このため、高専・専修・各種学校卒の開業者は「技術力」に自信をもっていると考えられる。

「技術力」以外の項目に対して最終学歴は有意な関係は見られない。

③ 斯業経験年数

斯業経験年数は「業界知識」「人脈」「技術力」との間に有意な正の相関関係が見られる。これらはたんなる斯業経験の有無だけではなく、長い斯業経験を積むことによって高まる能力だといえる。人によって学習の速度に個人差はあるものの、同じ業界で長い経験を積むほど多くの業界知識や技術が身につくだろう。また斯業経験が長ければ、取引先など業界の関係者などと出会う機会もそれだけ増えることから、多くの人脈を構築できる可能性が高まる。

このように、経験年数の長さによって能力が高まるという側面もあるが、経験の積み方も獲得できる能力に影響を与えるはずだ。以下の五つの説明変数

は、斯業経験のさまざまな積み方を見たものである。

④　管理職経験の有無

管理職経験の有無は「業界知識」「人脈」「営業力」「マネジメント能力」との間に有意な正の相関関係が見られる。管理職経験が「マネジメント能力」を高めるのは当然だが、それ以外の能力にも影響を及ぼしている。

管理職の立場にあることで、社内の人だけでなく、取引先の経営者や役員、地元の業界団体や商工団体の有力者など、さまざまな人と接触する機会が多い

表1-6　推計結果③

推計方法	プロビット分析	推計⑦		推計⑧	
		係数	標準誤差	係数	標準誤差
被説明変数		業界に関する知識		人的ネットワーク（人脈）	
説明変数	開業時の年齢	−0.018	0.004 ***	−0.006	0.004
	最終学歴　中学・高校卒業	（参照変数）		（参照変数）	
	高専・専修・各種学校卒業	−0.036	0.086	−0.113	0.079
	短大・大学・大学院卒業	0.023	0.070	−0.017	0.066
	斯業経験年数	0.041	0.005 ***	0.011	0.004 ***
	管理職経験の有無	0.352	0.075 ***	0.364	0.075 ***
	斯業経験を積んだ勤務先の数	−0.024	0.018	−0.056	0.017 ***
	斯業経験を積んだ勤務先の従業員規模　9人以下	（参照変数）		（参照変数）	
	10人以上49人以下	−0.004	0.078	−0.118	0.075
	50人以上299人以下	0.156	0.092 *	0.043	0.084
	300人以上	0.152	0.097	0.106	0.091
	斯業経験を積んだ勤務先で担当した職種の幅の広さ	0.213	0.066 ***	0.173	0.061 ***
	事業経営者となることを意識して仕事をしていたか	0.319	0.068 ***	0.118	0.064 *
定数項		0.186	0.180	−0.286	0.170 *
疑似決定係数		0.080		0.029	
観測数		1,965		1,965	

(注)　1　斯業経験のある開業者について推計した。
　　　 2　推計⑦～⑪のVIFの最大値は1.64（開業時の年齢）であり、説明変数間の多重共線性は検出されなかった。

だろう。その結果、豊富な「人脈」を構築しやすくなる。またそうした接触を通じて業界に関する情報を入手したり、新たな顧客を紹介してもらったりする機会も増え、「業界知識」や「営業力」も高まる。

　もちろん、管理職でなくても「人脈」を構築することはできる。しかし、管理職の立場にあることで、それなりの影響力をもつキーパーソンと知り合える機会は増えるだろう。次の事例はその典型である。

推計⑨		推計⑩		推計⑪	
係数	標準誤差	係数	標準誤差	係数	標準誤差
技術力		顧客を開拓する営業力		人や組織を動かすマネジメント能力	
−0.034	0.004 ***	0.006	0.004	0.008	0.004 *
(参照変数)		(参照変数)		(参照変数)	
0.420	0.081 ***	−0.037	0.081	−0.058	0.093
−0.100	0.068	−0.104	0.067	−0.012	0.075
0.034	0.004 ***	−0.004	0.004	−0.006	0.005
0.009	0.076	0.398	0.078 ***	0.622	0.101 ***
0.082	0.022 ***	−0.070	0.018 ***	−0.036	0.021 *
(参照変数)		(参照変数)		(参照変数)	
−0.149	0.076 *	0.144	0.077 *	0.198	0.090 **
−0.351	0.087 ***	0.230	0.086 ***	0.329	0.098 ***
−0.552	0.096 ***	0.416	0.093 ***	0.693	0.102 ***
−0.249	0.063 ***	0.190	0.061 ***	0.466	0.067 ***
0.139	0.067 **	0.326	0.067 ***	0.334	0.077 ***
0.787	0.182 ***	−1.035	0.177 ***	−2.108	0.214 ***
0.119		0.049		0.101	
1,965		1,965		1,965	

＜事例２＞勤務時の人脈によって開業が円滑に

B社
事業内容：マンションの販売代理
開業時の従業者数：12人

　B社はマンションの販売代理を手がけている。販売代理とは、マンションの販売から引き渡しまでの業務をデベロッパーが販売専門の会社に代理権を与えて委託する業務形態である。マンションの販売戸数は時期に応じて大きく変動することから、デベロッパーにとってはピークに合わせて営業マンを抱えると効率が悪い。そのため、大手デベロッパーはモデルルームの運営や営業活動、契約締結に至るまでを販売代理会社に外注するのが一般的である。

　B社を設立したKさんは、もともとは大手のマンションデベロッパーに20年近く勤務していた。いずれは開業したいと考えていたが、莫大な資金を必要とするデベロッパーとして開業することは不可能だ。そこで、販売代理業であれば開業できるだろうと考え、中堅販売代理会社のP社にいったん転職した。Kさんは営業部門で活躍し、最後の5年間は13人の部下を率いる福岡支店長であった。このとき、全国規模の大手デベロッパーや地場の有力デベロッパー、電鉄系のデベロッパーを取引先として開拓した。相手のためなら辛口のアドバイスも行ったりして、Kさんと一緒にビジネスをしたいと思ってもらえるように心がけたという。

　やがてP社の経営が悪化したことから、福岡支店が本社から分離され、同時にB社を設立したKさんがその業務を引き継いだ。そして直後にP社は倒産した。以前の部下のうち11人がB社に入社してくれた。

　開業直後は、福岡支店長として勤務していたときに培った人脈が役に立った。懇意にしていた地場有力デベロッパーの社長が博多駅前のビルへの入居を勧めてくれた。設立したばかりの企業はまず入居できない、地元ではステータスの高いビルである。また、B社の信用力ではなく、Kさん個人を信用してくれた電鉄系のデベロッパーから、初年度にマンション4棟の販売代理を専属

で請け負うことができた。こうしてB社はスムーズに事業を開始できたのである。

⑤　斯業経験を積んだ勤務先の数

　斯業経験を積んだ勤務先の数は「技術力」との間に有意な正の相関関係が見られる。多くの企業に勤務することで「技術力」が高まりやすくなる、ということだ。同じ業界でも、企業ごとに得意とする技術が異なる。例えば同じ情報システム会社でも、コールセンター向けのシステム構築が得意なところもあれば、プラント制御システムや生産管理システムなどが得意なところもある。同じ業界で複数の企業に勤務すれば、さまざまな分野の技術を身につける機会が増え、「技術力」が高まるのである。

　しかし、逆に「人脈」「営業力」「マネジメント能力」との間には有意な負の相関関係が生じている。

　いくつもの企業に勤務すれば、社内や取引先など、より多くの人と接触する機会も増える。しかし、勤務先の数が多くなるほど逆につきあいの期間は短くなる。このため、社内外で深い関係の「人脈」を構築しにくくなるのであろう。同様の理由で、「営業力」「マネジメント能力」に対しても負の効果があるものと思われる。

⑥　斯業経験を積んだ勤務先の従業員規模の大きさ[15]

　斯業経験を積んだ勤務先の従業員規模の大きさは、「営業力」「マネジメント能力」との間に有意な正の相関関係が見られる。いずれも、「10人以上49人以下」「50人以上299人以下」「300人以上」は有意に正の相関関係が見られ、規模が大きいほど係数も大きな値となっている。

　一般的に、規模が大きな企業は取引先の数が多い。さらに、事業内容が多岐にわたる企業の場合は多様な取引先を抱える。数が多く多様性に富んだ取引先に対する営業経験を通じて、「営業力」が醸成されるものと思われる。また、規模の大きな企業ではより多くの人や大きな組織を管理する経験を積むことが

できる。そのため、勤務先の規模の大きさは「マネジメント能力」との間に正の相関関係が生じているのであろう。

　一方、「技術力」との間には有意な負の相関関係がみられる。勤務先の規模が大きいほど係数の絶対値も大きな値となっている。つまり、規模の小さな企業のほうが「技術力」を高めやすいということである。例えば、小さな町工場では工程ごとに分業するのではなく、一人でいくつもの工程をこなさなければならないことから、多能工が養成されやすい。次の事例もその一つである。

＜事例3＞小企業での勤務経験で習得した多様で幅の広い技術

> Ｃ社
> 事業内容：建築用模型の製作
> 開業時の従業者数：3人

　Ｃ社は建築模型を製作する企業である。ビルやマンションのデベロッパーが平面の設計図を立体化して詳細な設計を検討するためのスタディ模型、マンションなどの購入希望者用に完成予定の姿を見せるための外観模型や内観模型などを、ゼネコンやデベロッパーなどの設計部から受注している。

　Ｃ社を開業したＴさんは、大学卒業後に建築模型を専門とするＱ社に入社した。当時は従業員が10人に満たない個人経営の企業だった。

　建築模型の製作は、受注先からCADデータで受け取った平面の設計図面を模型製作用に変換することから始まる。このとき、建築模型の大きさに合わせてすべてを同じ縮尺で縮小するのではない。例えば模型を支える芯材は本物の建物とは構造が異なる。また利用できる素材の厚みは1ミリ単位のものしかないので、縮尺に合わせて縮小した壁面の厚みが小数点以下になる場合は、図面を調整しなければならない。あるいは、タイルは実際の縮尺よりも大きくして表現を強調する。模型用の設計図面を作成するには、さまざまなノウハウが必要となるのである。こうして作成した図面を、今度はレーザーカッター用にデータを変換し、素材を切断する。そして素材を塗装して組み立てたり、もの

によっては素材を組み立てたあとに塗装したりする。これらの工程に必要になるのは、設計図面を読む能力、CAD を操作する能力、模型用の設計図面を作成するノウハウ、塗装や組み立ての技術などである。

　Q 社は少人数だったので、T さんは一人ですべての工程をこなし、5 年近くかけて多様な技術を習得した。また、ビルやマンション以外にも一戸建てや工場、景観を確認する立体地形図などさまざまな物件を手がけたことから、技術の幅も広がった。さらに、模型の製作だけでなく、受注先との打ち合わせや交渉、請負金額の見積りなども任された。「23 年間の勤務を通じてさまざまな仕事を経験できたことが、開業後に役立った」と K さんは述懐する。

⑦　斯業経験を積んだ勤務先で担当した職種の幅の広さ

　職種の幅に関する説明変数は「複数の職種を幅広く担当した」を 1 とし、「特定の職種を主に担当した」を 0 とするダミー変数である。したがって正の相関関係があれば、幅の広い職種を経験するほうが能力の獲得につながりやすいことになる。

　推計結果を見ると、「業界知識」「人脈」「営業力」「マネジメント能力」が正の相関を示し、しかも有意水準も高い。これらは幅の広い職種を担当することで高まりやすい能力だといえる。

　複数の職種、例えば製造と営業を経験すれば、技術の変化や顧客ニーズなど業界の動きを多面的に理解することができるだろう。また、技術を理解した者が営業活動を行えば専門的な提案やアドバイスができるので、円滑な商談が期待できる。技術職や営業職の心理も理解していれば、管理職としてそれぞれにふさわしいマネジメントを行える。さらに、社内外において幅広い人脈を構築することができるだろう。このように、複数の職種を担当することでさまざまな能力を獲得する可能性が高まる。実際に次のような事例がある。

＜事例４＞プロジェクトマネージャーとしての経験が開業後に役立つ

> D社
> 事業内容：コンピューターシステムの構築、運用・保守
> 開業時の従業者数：17人

　D社はコンピューターシステムの企画、構築から運用・保守までを行うシステム会社である。大手システム会社を通じて地方自治体から地方税や住民基本台帳などのシステム構築を請け負ったり、民間企業からは工場の生産管理システムを直接請け負ったりしている。

　D社を開業したJさんは高校卒業後、大手食品会社と地元の水産輸入商社にそれぞれ6年ずつ勤務した。食品会社では営業を担当し、水産輸入商社では海外から買いつけたエビを海外の工場に発注して加工するまでを担当した。そして30歳のときに、ソフトウエアを開発するX社（従業員30人）に営業職として入社した。

　営業職であっても技術を理解しないと仕事にならない。しかしエンジニアとしての経験がないJさんは、開発言語などを学んだものの、この業界生え抜きの若手にはかなわない。そこで、得意とするコミュニケーション能力を生かして自分なりの特長を打ち出そうとした。ユーザーがどのような問題を抱え、何を求めているのかを引き出し、改善するにはどうすればよいのかを提案するコンサルティング型の営業である。

　やがて営業の仕事で実績を残せるようになると、自ら希望してマネジメント職に就いた。X社ではシステム開発のチームが、プロジェクトごとにつねに3チームくらい編成されている。プロジェクト単位で予算や進捗状況などを管理したり、仕様変更などについてクライアントと打ち合わせを行ったり、協力会社からエンジニアを確保したりする必要がある。またプロジェクト単位で行う予算管理は、当然のことながら会社全体の経理に直結する。そうしたマネジメントの仕事をJさんは一人で担当したのである。つまり、プロジェクトマネージャーだ。

　取引先や協力会社との交渉、営業、経理、人事管理など複数の職種を経験したことが、開業時に役立った。その一つは人脈である。受注先との人脈が開業後の受注につながり、懇意にしていた協力会社からは出資を受けたり、地方自治体からの受注にあたって取引口座を提供してもらったりした。また、経理の仕事で関係のあった顧問税理士には、事業計画の作成にアドバイスを受けたり、金融機関からの借り入れに口添えしてもらったりした。二つめは営業力である。先に述べたことと重複するが、勤務時における受注先との人脈がD社の顧客開拓に役立った。三つめはマネジメント能力である。マネジメント能力は受注したプロジェクトの進捗管理に不可欠だ。Jさんは技術力にはさほど自信はないものの、優秀なエンジニアをうまくマネジメントすることで補うことができる。

　このように、Jさんは勤務時に幅の広い職種を経験したことによって、開業時に必要な能力の多くを身につけたのである。

　一方、幅の広い職種を担当することで「技術力」には負の影響がある。推計結果によると、「技術力」との間には有意な負の相関関係が見られる。技術を高めるには、それに専念するほうが効果的だということになる。

⑧　事業経営者になることを意識して仕事をしていたか

　事業経営者になることを意識していたかどうかについては、「意識して仕事をしていた」を1、「あまり意識していなかった」を0とするダミー変数である。したがって、正の相関関係があれば事業経営者になることを意識して仕事をするほうが能力の向上につながりやすいことになる。

　推計結果を見ると、5項目すべての能力との間に有意な正の相関関係が生じている。将来の開業を意識して仕事に取り組めば、開業に必要な能力を意図的に獲得することができる。また、不足している能力があれば、その能力を獲得するのにふさわしいキャリアを自ら設計することもできるだろう[16]。

　次の事例は、開業者が計画的にキャリアを積んで開業した企業である。

＜事例5＞50歳までに開業することを目標に、計画的にキャリアを積む

> E社
> 事業内容：産業用コンピューターシステムの構築
> 開業時の従業者数：2人

E社は工場の生産ラインなどを制御する産業用コンピューターシステムを開発している。開業当初は鉄鋼プラントや水処理プラントの分野を主力としていた。

1980年代までは、大手ハードウエアメーカーが産業用システムを開発するのが一般的だった。大手メーカーは、自社のハードウエアを組み込んだシステムを構築していたからである。しかし次第に、ユーザーのニーズが多様化、複雑化し、あらゆるニーズを1社のハードウエアだけで満たすのは難しくなってきた。当時、大手鉄鋼メーカーでコンピューターシステムの開発に携わっていたOさんはこのような変化が生じていることに気づいた。そして、ユーザーが求めるシステムの内容と価格に応じて最適なハードウエアを利用したシステムを構築すれば、コストパフォーマンスが向上するはずだと考えた。つまり、異なるメーカーのハードウエアを組み合わせるシステムインテグレーションである。

30歳代前半だったOさんは、開業に必要な技術などを獲得するのに20年はかかるだろうと考え、50歳までに開業することを決心した。勤務先ではシステム設計や工程管理、品質管理などシステムエンジニアとしての技術を身につけた。そして45歳に大手電機メーカーに転職し、事業企画部長として新規事業の企画などに携わった。このときは、事業計画の作成や原価管理などをはじめ、組織のマネジメントを学んだ。

このように開業を意識して計画的にキャリアを重ね、Oさんはほぼ予定どおり、51歳のときに開業を果たした。

以上のとおり、本節では、開業直後の業績に関与している5項目の能力に

ついて、斯業経験の長さや積み方がどのように影響を及ぼしているのかを見た。その結果、斯業経験の有無や長さだけではなく斯業経験の積み方も、能力の獲得を左右することが分かった。また、斯業経験の有無別で見ると能力の獲得に差異が見られなかった「マネジメント能力」についても、斯業経験の積み方によっては獲得の可能性が高まるといえそうである。

5　まとめ

　これまでの議論をまとめると、以下の3点が指摘できる。
① 　斯業経験を積むことによって開業直後から良好な業績を得やすい。その要因は、斯業経験を通じて有望な事業機会を発見できることによるというよりは、斯業経験を積むことによって開業者としての能力を獲得していることによる。
② 　「業界知識」「人脈」「技術力」「営業力」「マネジメント能力」の5項目は、開業直後の業績に影響を及ぼしやすい開業者の能力といえる。これらのうち「マネジメント能力」の獲得については、斯業経験の有無によって大きな差異は見られない。それ以外の4項目については、斯業経験の有無が能力の獲得に密接に関わっている。
③ 　開業者としての能力を獲得するために重要なことは、たんなる斯業経験の有無や長さだけではない。管理職経験、勤務先の数や規模、担当した職種の幅、事業経営者になることを意識して仕事をすることといった、斯業経験の積み方も重要である。とはいえ、斯業経験の積み方は能力ごとに影響を及ぼす方向や度合いが異なる。ただ一つの例外は、事業経営者になることを意識して仕事をすることである。これだけは上記5項目の能力すべてとの間に有意な正の相関関係を示していることから、とりわけ重要であるといえるだろう。

　開業者としての能力を獲得するには、斯業経験を積むことが欠かせない。た

だし、たんなる経験の長さだけではなく、斯業経験の積み方も重要である。い
ずれ開業したいと考えている人は、能力の獲得を意識して仕事に臨むととも
に、獲得すべき能力に最もふさわしい斯業経験の積み方を検討する必要がある
だろう。

二次分析にあたり、東京大学社会科学研究所附属社会調査・データアー
カイブ研究センターSSJ データアーカイブから「新規開業実態調査（特別
調査），2010」（日本政策金融公庫総合研究所）の個票データの提供を受
けました。

● 注 記

＊1　開業後の業績だけではなく、成長、存続・廃業なども含まれることから、「パフォーマンス」という用語を用いている。

＊2　同論文では、industry-specific experience（業界特有の経験）と表現している。

＊3　玄田（2001）は20年程度の斯業経験が最適水準であり、それよりも長いと業績が悪化することを示している。

＊4　斯業経験を有している開業者の割合は、2011年調査の89.5％をピークとして、その後緩やかに低下傾向を示しており、2022年調査では82.9％となっている（日本政策金融公庫総合研究所『新規開業白書』（各年版））。

＊5　新規開業企業を5年間にわたって追跡調査を行った日本政策金融公庫総合研究所「新規開業パネル調査」の第1コーホート（2001年〜2005年）では、同「新規開業実態調査」（2010年）と同様の設問によって、予想月商達成率を算出することができる。この予想月商達成率は開業直後の企業の存続・廃業に対して強い相関関係を示している。鈴木（2007）は、開業した年（2001年）の12月末時点における予想月商達成率が、2005年末までに廃業した企業（「廃業企業」）と2005年末時点で存続している企業（「存続企業」）とで大きく異なることを明らかにしている。廃業企業では、2001年末時点の予想月商達成率の平均値は78.9％、中央値は77.4％であるのに対して、存続企業はそれぞれ101.1％、92.3％である。また、予想月商達成率が75％未満と、現実の売上高が予想を大きく下回った企業の割合を見ると、廃業企業では45.4％にのぼるのに対して、存続企業では25.4％と明らかに低い。すなわち、開業当初の予想月商達成率が低い企業ほど事業が軌道に乗らず、その後の存続が危ういということである。

　このように予想月商達成率は、開業当初に事業が軌道に乗ったかどうかを示す指標として妥当性があると考えられる。したがって、本書の多くの章では、開業直後の業績の指標として予想（目標）月商達成率を採用することとする。

＊6　1％水準で有意である（カイ二乗検定）。

＊7　1％水準で有意である（平均値の差の検定）。

＊8　同業他社と比べた現在の業況（「かなり悪い」「やや悪い」「やや良い」「良い」の4段階）を斯業経験の有無別、斯業経験年数別にクロス集計をしても、同様の関係が見られた。すなわち、斯業経験の有無別に見ると「斯業経験あり」は業況が良好である企業割合が明らかに高いが、「斯業経験あり」について斯業経験年数別に見ると、斯業経験年数が長いほど業況が良好である企業割合が高いという傾向は見られない。

＊9　新規開業企業のパフォーマンスと従業員との関係については、第5章を参照。

＊10　後掲事例5も、斯業経験を通じて事業機会を発見した事例である。

* 11　この設問は開業者本人の自己評価であり、必ずしも客観的なものではない点に注意を要する。しかし、開業者の能力を客観的に把握することが容易ではないことを考えると、次善の方法ではあるものの、開業者本人の自己評価を用いることが現実的な方法であろうと思われる。
* 12　人脈を通じて得られる支援とその効果については、第6章において詳細に分析する。
* 13　これらの4項目については、いずれも1％水準で有意である（カイ二乗検定）。
* 14　複数の勤務先で斯業経験を積んだ場合は、そのうち勤務年数が最も長い勤務先の従業員規模を尋ねている。
* 15　勤務先の規模と開業後の業績等については、第2章において詳細に分析する。
* 16　熊田（2010）は、起業意識（起業を意識して仕事や勉強をしていたこと）が起業パフォーマンスを高めることを実証し、その理由として、①起業を意識することが意図的なキャリア形成や仕事から学習する態度に影響を与えている可能性があること、②起業に対する準備を十分に行えることをあげている。

開業者の勤務経験
～どのような企業での勤務経験が開業者にとって望ましいのか～

1 問題意識

　日本政策金融公庫総合研究所「新規開業実態調査」（2022年）によると、開業者のうち開業直前に勤務者であった人の割合は91.3％を占める。正社員（会社や団体の常勤役員を含む）にかぎっても、その割合は79.8％にのぼる。勤務経験のなかから事業機会を発見しやすいこと、勤務収入を通じて開業資金を蓄積する人が多いこと、開業直後の経営には斯業経験（開業した事業に関連する仕事をした経験）が重要な役割を果たすこと[1]などから、勤務者としての経験を経ずに開業するケースはきわめて少ない。

　開業直前に正社員であった人について、直前の勤務先の規模を時系列で見ると、「1～19人」はおおむね50％前後、「20～299人」はおおむね35％前後を占める（図2-1）。両者を合わせると85％前後が中小企業の勤務者から開業したことになる。

　同様の傾向は、やや古い調査ではあるが、総務省「就業構造基本調査」（2007年調査）でもうかがえる。表2-1は、2002年10月以降に前職を辞めた雇用者のうち転職就業者について現職の従業上の地位を見たものである。転職就業者の総数1,205万3,000人のうち「起業者」は45万8,000人、3.80％を占める（表2-1の「起業者割合」）。これを前職の従業者規模別に見ると、「1～19人」は6.26％、「20～299人」は3.12％、「300人以上」は2.74％となっている。規模が小さい企業を辞めた人ほど、自分で事業を起こしている割合が高い。

図2-1　開業直前の勤務先の規模

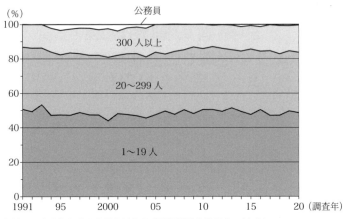

資料：日本政策金融公庫総合研究所「新規開業実態調査」（各年）
(注) 1　開業直前の職業が「会社や団体の常勤役員」「正社員・正職員（管理職）」
「同（管理職以外）」である人を対象に集計している。
2　「公務員」を選択肢として設けているのは、1994〜2004年、2011年以降
である。

　以上の点を踏まえて、本章では開業者の勤務経験に注目する。どのような属性をもつ企業に勤務すれば開業しやすいのだろうか。取り上げる企業の属性は、企業規模、業歴、業績である。

　企業規模に関しては、図2-1や表2-1を見るかぎりは、中小企業から多くの開業者が生まれているようだが、はたしてそういえるだろうか。そして、それは中小企業での勤務経験が開業に必要なスキルやネットワークなどの獲得経路となっているからであろうか。また、中小企業勤務者から多くの開業者が生まれているとしても、開業後すぐに経営が行き詰まってしまうのであれば、経済の活性化には結びつかない。社会的には、開業者数を増やすという量的な側面だけではなく、開業後に少なくとも事業として維持できる企業を生み出すという質的側面も重要である。したがって、中小企業勤務者から生まれた開業者が良好な業績をあげているのかどうかについても、確認しなければならない。勤務企業の業歴、業績についても、問題意識は同様である。

表 2-1　前職の従業者規模別に見た転職就業者に占める起業者割合

（単位：千人、％）

		総数（前職が雇用者）	前職の従業者規模別											官公庁など
			1～19人			20～299人				300人以上				
				1～9人	10～19人		20～49人	50～99人	100～299人		300～999人	1,000人以上		
総数（転職就業者）	A	12,053	3,069	1,772	1,297	4,612	1,706	1,214	1,692	3,465	1,374	2,091		637
自営業主	B	586	221	154	68	188	76	51	62	128	50	78		41
うち起業者	C	361	158	113	45	107	48	26	34	73	28	45		18
家族従業者	D	102	34	21	13	38	15	12	11	23	9	14		6
雇用者	E	11,364	2,814	1,598	1,216	4,385	1,615	1,151	1,619	3,314	1,315	1,999		591
会社など役員	F	230	60	38	22	75	26	17	32	74	23	51		18
うち起業者	G	96	34	20	14	37	14	10	12	22	8	14		3
起業者	H=C+G	458	192	134	59	144	62	36	46	95	36	59		21
起業者割合（%）	H/A	3.80	6.26	7.53	4.51	3.12	3.65	2.95	2.72	2.74	2.61	2.83		3.30

資料：総務省「就業構造基本調査」（2007年）、第137表
(注) 1 2002年10月以降に前職を辞めた雇用者のうち、転職就業者について現職の従業上の地位を見たものである。
　　 2 「起業者」とは自分で事業を起こした者である。
　　 3 「就業構造基本調査」が前職の従業者規模を調べたのは、2007年調査が最後である。

なお、以下では開業者が開業直前に勤務していた企業を「出身企業」と呼ぶことにする。

2 先行研究

(1) 主な先行研究

出身企業の属性に関する研究は 1980 年代以降に取り組まれたものが多い。

先行研究においてまず注目されたのは、開業者がより多く生まれる出身企業の規模である。大企業の従業員と中小企業の従業員のいずれから開業者がより多く生まれるのか、ということに関して数多くの実証研究が行われている (Cooper 1986; Blanchflower and Meyer 1994; Boden 1996 など)。その後、規模だけではなく出身企業の業歴と従業員の開業との関係に着目する研究 (Wagner 2004; Dobrev and Barnett 2005; Gompers et al. 2005; Sørensen 2007; Elfenbein et al. 2008 など)、出身企業の業績と従業員の開業との関係に着目する研究 (Gompers et al. 2005; Franco and Filson 2006; Eriksson and Kuhn 2006; Hyytinen and Maliranta 2008; Dick et al. 2013 など) も取り組まれるようになっている。

一方、パフォーマンスの良好な開業者がより多く生まれる出身企業の属性を探る研究もある[*2]。すなわち、出身企業の属性と開業者のパフォーマンスとの関係に着目したものである。出身企業の規模と開業者のパフォーマンスとの関係を探る研究 (Dunkelberg and Cooper 1982; Dunkelberg et al. 1987; Westhead and Birley 1995; Elfenbein et al. 2008; Dick et al. 2013) が多いが、近年は、出身企業の業績と開業者のパフォーマンスとの関係を探る研究 (Eriksson and Kuhn 2006; Dick et al. 2013) も見られる。

わが国では、八幡 (1998) が、就業構造基本調査のデータを用いて出身企業の規模と従業員の開業との関係を示している。また、井上 (2016) は出身企業の規模と従業員の起業意思との関係を分析している[*3]。鈴木 (1997)、清野 (2002)、安田 (2004)、熊田 (2010) は、出身企業の規模と開業者のパ

フォーマンスとの関係を示している。

　さらに、土屋（2009）は台湾の事業所を分析対象として、従業員を一般従業員と生産部門長に分けたうえで、事業所の規模と従業員の開業との関係を分析している。

（2）先行研究における仮説

　これらの先行研究において、出身企業の属性と従業員の開業や開業者のパフォーマンスとの関係を説明する仮説は大きく四つに分けられる。ここでは、出身企業の規模と従業員の開業との関係を説明する仮説をもとに、その概要を見ておきたい。

　第1は、大企業の従業員が開業する理由として、組織の硬直性を指摘するものである。例えば、勤務を通じて発見した事業機会をもとに新規事業を提案したものの採用されなかったことから、従業員が退職して自ら事業化を図るといったケースは大企業において起こりやすいが、それは硬直的な組織特性に起因するという説明である。Gompers et al.（2005）はこのような大企業の組織特性として、①既存の事業モデルを覆すような急進的な技術変化に対応できないこと、②自社の中核事業のラインからはずれている事業機会を評価できないこと、③自社の中核事業に集中する戦略をとりがちであること、の3点をあげる。

　これは、大企業の従業員のほうが中小企業の従業員よりも開業を選択する傾向にあることを説明する仮説である。それに対して、以下の仮説は中小企業の従業員のほうが開業を選択する傾向にあることを説明するものである。

　第2は、中小企業に勤務することで従業員は開業するのに必要となるスキルや外部とのネットワークを獲得しやすい、というものである。中小企業は、いわばインキュベーターとしての役割を果たしている（Cooper 1986）。その結果、中小企業の従業員は開業を選択する傾向が相対的に強くなる。

　スキルに関しては、Lazear（2004, 2005）の "Jack-of-all-trades"（なんでも屋）仮説が有名である。大企業の従業員には特定の分野の専門的な能力が求

められるのに対して、開業者はさまざまな分野における幅の広い能力、つまり balanced skills が求められるというものである。例えば、「レストランを開業するには調理の腕前が良いだけではなく、資金を調達したり、従業員を雇ったり、立地や内装を選択したり、適切なコストで食材を仕入れたり、帳簿をつけたり販売促進したりできなければならない」（Lazear 2004）。規模の小さな企業では1人の従業員がさまざまな仕事を行う機会が多いことから、中小企業に勤務することで balanced skills を獲得しやすい（Elfenbein et al. 2008）。実際に、Stuetzer et al.（2013）は、中小企業における勤務経験が balanced skills の源泉の一つであることを検証している。国内では、山口（2021）が日本政策金融公庫総合研究所の「新規開業パネル調査」を用いて、開業前の経験（管理職経験、営業職経験など）や開業後の経営者としての経験（従業員の増加）が balanced skills を高めること、そして balanced skills が高いほど開業後のパフォーマンスは良好であることを実証している。

　また中小企業では、経営者を近くから観察し、経営について学習する機会も多い（Parker 2009）ことも将来の経営に役立つであろう。

　中小企業に勤務することで、スキルだけではなく、外部とのネットワークなども獲得しやすい。規模の大きな組織では、メンバーは調整や管理などに時間を取られて組織内のメンバーとの接触が多くなりがちである（Sørensen 2007）。一方、規模が小さい組織では組織外のメンバーとの接触が多い（Dobrev and Barnett 2005）。このため中小企業の従業員は、取引先など外部とのネットワークを獲得しやすく、さらに外部の異質な情報や人材などの経営資源にも接することができる（Wagner 2004; Sørensen 2007; Elfenbein et al. 2008; Dick et al. 2013）。

　第3の仮説は、中小企業の従業員は退職して開業することの機会費用が相対的に小さい、というものである。大企業には安定した職場と内部昇進の機会があることから、従業員としての地位を捨てて開業者に転じる機会費用は大きい（Sørensen 2007）。それに対して中小企業の従業員は、一般的に賃金が大企業よりも低く内部昇進の機会も限られていることから、機会費用は小さく、

開業を選択する傾向が強くなる。

　第 4 は、そもそも開業志向の強い人が中小企業に勤務することが多い、というものである（Elfenbein et al. 2008; Parker 2009）。このような自己選別（self-selection）が生じる背景には、リスクや裁量などの大きさに対する個人の選好がある。リスク志向の強い人は勤務先として中小企業を選び、その後開業する。同様に、より大きな裁量をふるって仕事をしたい、あるいはゼネラリストとして幅の広い仕事をしたいなどと考える人は勤務先として中小企業を選び、その後開業する（Åstebro and Thompson 2007）、ということだ。

　以上、出身企業の規模と従業員の開業との関係を説明する四つの仮説を概観した。これらの仮説は、出身企業の属性（企業規模、業歴、業績）と従業員の開業との関係や出身企業の属性と開業者のパフォーマンスとの関係を説明するものでもある。

　まず、第 1 の仮説（硬直的な組織）について検討してみよう（図 2-2 ①）。

　規模の大きい企業と同様、業歴の長い企業は一般的に柔軟性に乏しく急速な技術変化に対応できないことから、硬直的な組織だといえる。その結果、従業員の開業は促されるであろう（Dick et al. 2013）。同様に、安定して好業績をあげている企業は組織体制が整っている半面、硬直的になりがちであると考えると、より多くの開業者が生まれやすいであろう。

　一方で、組織の硬直性を背景に従業員が開業する場合、開業者のパフォーマンスにはプラス、マイナスいずれの影響も及ぼさず、中立的であろう。パフォーマンスは従業員が発見した事業機会の良し悪しや従業員のもつ人的資本などの水準によって左右されるが、それらは勤務していた組織の硬直性とは無関係であると思われるからだ。

　次に、第 2 の仮説（開業に必要なスキル、ネットワーク等の獲得可能性）について検討しよう（図 2-2 ②）。

　規模の小さい企業では、開業に必要なスキルやネットワークなどを獲得しやすいことから、先に述べたように従業員は開業を選択する傾向が強いと同時に、獲得したスキル等を活用することで開業後のパフォーマンスは相対的に良

図2-2 先行研究における仮説によって導かれる関係

①硬直的な組織

②開業に必要なスキル、ネットワーク等の獲得可能性

③機会費用の多寡

④開業志向の強い人による自己選別

資料：筆者作成

好であろう。

　業歴が短い企業では組織構造が簡素で専門化も進展しておらず、従業員は幅の広い仕事を経験できる（Stuetzer et al. 2013）。また、ロールモデルとしての起業家に接することができる（Wagner 2004）。さらに、業歴の短い企業は

時代に即した事業形態であったり、成長分野に属していたりすることが少なくないことから、従業員は有望な事業機会を発見しやすいと思われる。これらの結果、開業に必要なスキルやネットワーク等を獲得しやすく、従業員の開業が促進されるだろう。同時に開業後の良好なパフォーマンスにもつながりやすいであろう。

　また、業績の良い企業においては水準の高いスキルやノウハウを獲得しやすく（Franco and Filson 2006）、より多くの事業機会に接触できる（Dick et al. 2013）と考えると、従業員は開業を選択する傾向が強まるだろう。同時に、開業後の良好なパフォーマンスにもつながりやすい。業績の良い企業がもつ、高水準の技術やノウハウが開業者に移転されるからである（Agarwal et al. 2004）。

　では、第3の仮説（機会費用の多寡）はどうか（図2-2③）。

　規模の小さい企業と同様、業歴の短い企業は不安定な職場であり、将来の不確実性が大きいことから、従業員は退職して開業する機会費用は小さい。その結果、従業員の開業が促進されるだろう。同様に、勤務先の業績が悪ければ受け取る給料なども少なく、将来も不安定であることから、従業員は退職して開業することの機会費用が小さい。このため、業績の悪い企業のほうが開業者を生み出しやすいと考えられる（Gompers et al. 2005; Dick et al. 2013）。

　そして、開業の機会費用が小さければ安易な開業が多くなると考えられる（安田 2004）。また、機会費用が大きい場合は良好なパフォーマンスが充分に期待できる事業でなければ開業に踏み切れないのに対して、機会費用が小さければ良好なパフォーマンスが期待できそうもない事業でも開業に踏み切りやすいであろう。したがって、規模の小さい企業、業歴の短い企業、業績の悪い企業から生まれた開業者は、開業後のパフォーマンスは相対的に悪いと考えられる。

　最後に、第4の仮説（開業志向の強い人による自己選別）について検討しよう（図2-2④）。

　開業志向が強い人は幅の広い仕事を経験したり、開業のプロセスを学んだり

表2-2　先行研究における仮説によって導かれる関係

仮説	出身企業の属性と従業員の開業との関係			出身企業の属性と開業者のパフォーマンスとの関係		
	出身企業の属性			出身企業の属性		
	規模	業歴	業績	規模	業歴	業績
	A	B	C	D	E	F
①硬直的な組織	正	正	正			
②開業に必要なスキル、ネットワーク等の獲得可能性	負	負	正	負	負	正
③機会費用の多寡	負	負	負	正	正	正
④開業志向の強い人による自己選別	負	負	正			

資料：筆者作成
(注) 1　仮説の内容については本文を参照。
　　　2　出身企業の属性と従業員の開業との関係が「正」（「負」）となっているものは、出身企業の規模が大きい（小さい）ほど、業歴が長い（短い）ほど、業績が良い（悪い）ほど、従業員は開業を選好する確率が高いことを意味する。
　　　3　出身企業の属性と開業者のパフォーマンスとの関係が「正」（「負」）となっているものは、出身企業の規模が大きい（小さい）ほど、業歴が長い（短い）ほど、業績が良い（悪い）ほど、開業者の業績は良くなる確率が高いことを意味する。

するために、規模の小さい企業だけではなく、業歴の短い企業、業績の良い企業を選択すると考えれば、これらの企業はより多くの開業者を生み出すと考えられる。一方で、開業後のパフォーマンスに対しては、出身企業の属性は中立的であると考えられる。開業志向の強い人は、自分が開業するのに最適だと思われる勤務先を選別していることから、出身企業の属性にかかわらず、開業後のパフォーマンスは良好になりやすいと考えられるからだ。

　以上をまとめると、四つの仮説から導かれる関係は表2-2のように整理できる。

(3) 先行研究における実証結果

　上で見たように、先行研究が展開する仮説のなかには、相反する結果を導くものが存在する。では、先行研究では実証分析によってどのような結果が得られているのであろうか。

　表2-3は主な先行研究の実証結果をまとめたものである。出身企業の規模

と従業員の開業との関係に関しては、負の関係、すなわち規模の小さい企業ほど従業員が開業する確率が高いことを示す分析が多いものの、正の関係を導く分析も見受けられる。Parker（2009）は、大企業勤務者よりも中小企業勤務者のほうが開業者になる確率が高いことは「定式化された事実」（stylised fact）であるとしているが、必ずしもそうだとは言い切れないようである。

　出身企業の業歴については、いずれの分析も業歴が短い企業ほど従業員が開業する傾向にあるという結果になっている。

　出身企業の業績については、負の関係、すなわち業績の悪い企業ほど従業員が開業する傾向にあることを導く分析が多いが、正の関係であるとする分析結果もある。

　出身企業の規模と開業者のパフォーマンスとの関係については、非有意であるとするものが多いが、正の関係、負の関係も混在している。

　出身企業の業績と開業者とのパフォーマンスの関係を分析する先行研究は2件と少ないが、いずれも正の関係、つまり業績の良い出身企業に勤務していた開業者のパフォーマンスは良好であるという結果となっている。

　以上、主な先行研究について見てきたが、その多くは海外の開業を対象にしたものである。そこで本章では、わが国の開業を対象に、出身企業の属性との関係を探ることにしたい。

　分析は三つの段階に分かれる。第1段階では出身企業の規模と従業員の開業との関係を分析する。先に見た第1の仮説が成り立つ場合、出身企業の規模は従業員の開業に対して正の相関が検出されるのに対して、第2〜第4の仮説が成り立つ場合は負の相関が検出されることになる（前掲表2-2のA列）。この符号の違いをもとに、まず、第1の仮説の可否を検証する。

　第2段階で注目するのは、出身企業の業績と従業員の開業との関係である。第2、第4の仮説が成り立つ場合は正の相関が検出されるのに対して、第3の仮説が成り立つ場合は負の相関が検出される（前掲表2-2のC列）。第2段階では主としてこの符号の違いをもとに、三つの仮説の妥当性を検討する。

　第3段階では、出身企業の規模、業歴、業績と開業者の業績との関係を分

表2-3　先行研究の分析結果

先行研究	調査対象の国	出身企業の属性と従業員の開業との関係			出身企業の属性と開業者のパフォーマンスとの関係	
		出身企業の属性			出身企業の属性	
		規模	業歴	業績	規模	業績
Dunkelberg & Cooper (1982)	アメリカ				負	
Cooper (1986)	アメリカ	正				
Dunkelberg et al. (1987)	アメリカ				非有意	
Blanchflower & Meyer (1994)	オーストラリア、アメリカ	負				
Westhead & Birley (1995)	イギリス				非有意	
Boden (1996)	アメリカ	負				
鈴木 (1997)	日本				負	
八幡 (1998)	日本	負				
清野 (2002)	日本				非有意	
Wagner (2004)	ドイツ	負	負			
安田 (2004)	日本				正	
Dobrev & Barnett (2005)	アメリカ	負	負			
Gompers et al. (2005)	アメリカ	正	負	負		
Franco & Filson (2006)	アメリカ	非有意		正		
Eriksson & Kuhn (2006)	デンマーク			負		正
Sørensen (2007)	デンマーク	負	負			
Elfenbein et al. (2008)	アメリカ	負	負		負/非有意	
Hyytinen & Maliranta (2008)	フィンランド	負		負		
土屋 (2009)	台湾	負/正				
Parker (2009)	イギリス	負				
熊田 (2010)	日本				正	
Dick et al. (2013)	オランダ	正	負	負	非有意	正
Tåg et al. (2013)	スウェーデン	負				

資料：筆者作成
(注) 1　表2-2の注2、3と同じ。
　　 2　Elfenbein et al. (2008) は、勤務時に高い給与を獲得していた開業者と低い給与を獲得していた開業者の2グループに分けて出身企業の規模と開業者のパフォーマンスとの関係を推計し、前者は負、後者は非有意であるという結果を得ている。
　　 3　土屋 (2009) は、勤務時の事業所規模と開業との関係について推計し、一般従業員は負、生産部門長は正との結果を得ている。

析する。第2の仮説が成り立てば出身企業の規模、業歴ともに負の相関が検出されるのに対して、第3の仮説が成り立てばともに正の相関が検出されるはずである（前掲表2-2のD列、E列）。この符号の違いから、二つの仮説の妥当性を検討する。

3 出身企業の属性と従業員の開業との関係

まず二つのアンケート調査をもとに、新規開業者はどのような出身企業から生まれているのかを見ていこう。

（1）出身企業の規模

第1段階の分析では、勤務先企業の規模と従業員の開業との関係に注目する。はたして開業者が生まれやすいのは、規模の大きな企業だろうか、小さな企業だろうか[*4]。

この点を探るために利用するのは、日本政策金融公庫総合研究所が行った「起業と起業意識に関する調査」（2014年）である。これは開業した人（2009年以降に自分が開業した事業を現在も経営している人）だけではなく、開業していない人（起業に関心をもっている人および起業に関心をもっていない人）も調査対象としている（表2-4）[*5]。前者を「開業者」、後者を「非開業者」とし、勤務先企業の規模に違いがあるかどうかを見てみよう。図2-3は、職業（開業者は開業直前の職業）が勤務者である人を対象に、その勤務先企業の従業者規模を示したものである。「1〜19人」の構成比は、非開業者が19.5%であるのに対して開業者は37.0%にのぼる。逆に「300人以上」は、非開業者の35.1%に対して開業者は25.7%と低い。開業者は相対的に規模の小さい企業から生まれる傾向にあるといえそうだ。

さらに、計量モデルにより開業の決定要因を分析した結果を表2-5に示している。被説明変数は開業者を1、非開業者を0とするダミー変数である。したがって、説明変数の係数の符号がプラスであれば、従業員の開業と正の相関

表2-4 「起業と起業意識に関する調査」（2014年）の実施要領

調査時点：2014年11月
調査対象：全国の18歳から69歳までの人　19万7,009人
調査方法：インターネットによる2段階のアンケート
①事前調査…詳細調査の調査対象（次の3類型）を抽出するための調査
・「起業家」：2009年以降に自分が開業した事業を現在も経営している人
・「起業関心層」：事業を経営した経験がないが、現在、起業に関心を持っている人
・「起業無関心層」：事業を経営した経験がなく、以前も現在も起業に関心を持っていない人
②詳細調査…上記3類型に対して行う詳細なアンケート
回 収 数：①事前調査　40,220人
（性別、年齢階層、地域を人口構成に合わせて回収数を設定）
②詳細調査　各類型ごとに約400人ずつ

資料：日本政策金融公庫総合研究所「起業と起業意識に関する調査」（2014年）（表2-5まで同じ）

図2-3　勤務先企業の規模

（単位：％）

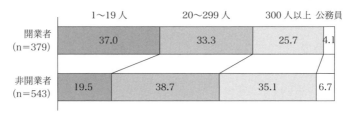

（注）1　開業者とは表2-4に記した「起業家」にあたり、非開業者とは「起業関心層」と「起業無関
　　　　心層」を合わせたものにあたる。
　　　2　人口構成に合わせて回収された事前調査結果をもとに、ウエイト付けして集計している。た
　　　　だし、n値は原数値である。
　　　3　職業（開業者は開業直前の職業）が勤務者（経営者を除く常勤役員、正社員のほか、パー
　　　　ト、派遣社員、家族従業員を含む）である者に対して、勤務先の規模を尋ねた。

があることになる。利用する推計モデルはプロビット分析である。

　説明変数は三つのグループに分かれている。

　第1は個人の属性である。性別、年齢、婚姻状況、身近に経営者がいるか
どうかを説明変数として採用した。

　第2はキャリアである。最終学歴、勤務企業数、管理職経験の有無、営業
職経験の有無、勤務先企業の規模を用いる。これらは人的資本の獲得状況を表
す変数である。開業するにはスキルやネットワークなどが重要であることか

表 2-5　開業の決定要因

推計方法	プロビット分析（ウエイト付き）		推計①		推計②	
			係数	標準誤差	係数	標準誤差
被説明変数			開業者ダミー（非開業者＝ 0、開業者＝ 1）			
説明変数	個人の属性	性別（女性＝ 1、男性＝ 0）	−0.558	0.051 ***	−0.436	0.060 ***
		年齢（歳）	0.003	0.002	0.000	0.003
		婚姻状況（既婚＝ 1、未婚＝ 0）	−0.084	0.077	−0.193	0.089 **
		身近に経営者がいるかどうか（いる＝ 1、いない＝ 0）	0.367	0.074 ***	0.368	0.082 ***
	キャリア	最終学歴（該当＝ 1、非該当＝ 0）　中学・高校卒業	（参照変数）		（参照変数）	
		高専・専修・各種学校卒業	0.209	0.114 *	0.284	0.119 **
		短大・大学・大学院卒業	0.227	0.086 ***	0.220	0.094 **
		勤務企業数（社）	0.000	0.009	0.015	0.013
		管理職経験の有無（あり＝ 1、なし＝ 0）	0.327	0.083 ***	0.293	0.090 ***
		営業職経験の有無（同上）	0.321	0.083 ***	0.315	0.094 ***
		勤務先企業の規模（該当＝ 1、非該当＝ 0）　1〜19 人	（参照変数）		（参照変数）	
		20〜299 人	−0.459	0.097 ***	−0.521	0.105 ***
		300 人以上	−0.641	0.101 ***	−0.832	0.123 ***
		公務員	−0.601	0.157 ***	−0.824	0.190 ***
	年収	300 万円未満（該当＝ 1、非該当＝ 0）	−		（参照変数）	
		300 万円以上 500 万円未満（同上）			0.239	0.100 **
		500 万円以上 700 万円未満（同上）			0.470	0.137 ***
		700 万円以上（同上）			0.850	0.152 ***
定数項			−1.972	0.119 ***	−2.040	0.144 ***
観測数			922		831	
F 値			20.52 ***		13.86 ***	

(注)　1　職業（開業者は開業直前の職業）が勤務者である人を対象とする推計である。
　　　2　図 2-3 の注 1、2 と同じ。
　　　3　標準誤差欄の *** は有意水準が 1％、** は 5％、* は 10％であることを示す。以下同じ。
　　　4　開業者の年齢、勤務先の規模、年収は開業直前の数値を用いた。
　　　5　推計①の VIF の最大値は 1.99（勤務先企業の規模 300 人以上）、推計②は 2.15（同）であり、説明変数間の多重共線性は検出されなかった。

ら、人的資本の獲得状況は開業の選択を大きく左右するものと思われる。

　第 3 は年収である。開業するには資金が必要である。収入が多ければ資金制約が小さいことから、開業しやすいだろう。その一方で、勤務先企業から得

る収入が多ければ、開業の機会費用は高まる結果、開業を選択しにくくなるとも考えられる。したがって、年収の多寡も開業の選択を左右する。ただし、年収はほかの説明変数である年齢やキャリア、勤務先企業の規模によって決定される側面もある。このため、年収を説明変数に含めない推計（推計①）と説明変数に含める推計（推計②）の二つを行った。

　これらの推計で注目するのは勤務先企業の規模である。結果を見ると、推計①、推計②ともに、参照変数の「1〜19人」を基準として、「20〜299人」「300人以上」の係数はマイナスの値（有意水準1％）であり、規模が大きいほど絶対値も大きくなっている。これは、勤務先企業の規模が大きい（小さい）ほど、従業員は開業を選択する確率が低い（高い）ことを意味する。つまり、勤務先企業の規模と従業員の開業との間には負の相関がある。「300人以上」と「公務員」の係数はほぼ同水準でマイナスの値となっており、公務員を退職して開業する確率は従業員300人以上の企業と同程度であるといえる。

　なお推計②の年収について見ると、開業の選択との間に有意な正の相関が生じている。年収が多いほど開業の機会費用は大きくなると考えれば負の関係が予想されるが、現実は年収が多ければ開業資金を調達しやすくなる効果のほうが大きいということであろう。

（2）勤務先企業の業歴、業績など

　前項（1）では、勤務先企業の規模が小さいほど従業員は開業を選択する確率が高いことを示したが、第2段階の分析では規模以外の属性についても検討する。利用するのは業歴5年以上の中小企業を対象とした「経営者の事業方針に関するアンケート」である（表2-6）。これは、日本政策金融公庫総合研究所が（開業者ではなく）既存企業を対象として実施した調査である[6]。同公庫の取引先を調査対象としていることから、サンプルのほとんどが従業員300人以下の中小企業である。

表 2-6　「経営者の事業方針に関するアンケート」（2014 年）の実施要領

調 査 時 点：2014 年 7 月
調 査 対 象：日本政策金融公庫（国民生活事業および中小企業事業）の取引先のうち、業歴 5 年以 　　　　　　上の企業　1 万 2,000 社
調 査 方 法：調査票の送付・回収ともに郵送
回 収 数：3,990 社（回収率　33.3％）

資料：日本政策金融公庫総合研究所「経営者の事業方針に関するアンケート」（2014 年）（表 2-8 ま
　　　で同じ）

①　勤務先企業の規模別開業者数

　同調査では、最近 10 年間に調査対象企業を退職して事業を始めた従業員
（常勤役員を含む正社員）の有無、人数を尋ねている。それをもとに、まず従
業員規模別の開業者数を見ておこう。なお、正社員のうち最近 10 年以内に開
業した人の数を調べていることから、同調査を用いた分析では正社員数（10
年前の正社員数）を従業員規模の指標とし、業歴 10 年以上の企業を対象に集
計した。

　表 2-7 を見ると、全体では 3,230 社の企業に 10 年前には合計で 70,981 人
の正社員が勤務していた。それに対して、この 10 年間に正社員を辞めて開業
した人は合計で 1,176 人である[7]。1 社あたりの開業者数は 0.36 人、10 年前
の正社員数に対する開業者の比率（以下では「開業者比率」という）は 1.7％
である。正社員規模別に見ると、開業者比率は 1～4 人で 17.2％と相対的に高
く、規模が大きくなるにつれて低下している。前項（1）で見たように、企業
の規模と従業員の開業との間には負の相関があることは、ここでも確認できる。

②　勤務先企業の業種

　次に、勤務先企業の業種と開業者比率との関係を見てみよう。勤務先企業の
業種別に開業者比率を見ると、「医療、福祉」が 18.7％と最も高く、「個人向
けサービス業」（8.6％）、「不動産業」（8.5％）、「飲食店、宿泊業」（6.7％）が
それに続く。「製造業」（0.6％）、「運輸業」（0.3％）は低い（図 2-4）。

　なぜある業種は開業者比率が高く、ある業種は低いのだろうか。業種特性を

表2-7 正社員数別集計企業数、正社員数・開業者数の合計

正社員数 (10年前)	集計企業数 (A) (社)	正社員数(10年前)の合計 (B) (人)	開業者数の合計 (C) (人)	1社あたり開業者数 (C/A) (人)	開業者数/正社員数 (C/B) (%)
0人	718	0	103	0.14	－
1〜4人	914	2,019	348	0.38	17.2
5〜9人	353	2,340	161	0.46	6.9
10〜19人	297	4,012	153	0.52	3.8
20〜49人	533	17,060	203	0.38	1.2
50〜99人	259	17,519	98	0.38	0.6
100〜299人	143	22,445	103	0.72	0.5
300人以上	13	5,586	7	0.54	0.1
全体	3,230	70,981	1,176	0.36	1.7

(注) 1 開業者数は最近10年間に自社を退職して事業を始めた従業員（常勤役員または正社員）の数である。
2 業歴10年以上の企業を集計対象とした（表2-8まで同じ）。
3 正社員数は10年前の正社員数である（表2-8まで同じ）。
4 正社員数0人については、除算できないことから「開業者数／正社員数」を表示していない。
5 「開業者数／正社員数」を以下では「開業者比率」という（図2-11まで同じ）。

もたらす要因は三つ考えられる。

　その一つは開業費用の多寡である。工場や店舗、診療所などを必要とする業種、高額な設備などを必要とする業種では、開業するのは容易ではない。一方で、デザイナーや建築設計事務所など、自宅でパソコンがあれば事業を営める業種では開業するにあたって資金面での制約は小さいだろう。開業者の多くは勤務経験を生かした事業を始めることから、開業業種は勤務先企業の業種と重なりやすい。だとすれば、勤務先企業の業種で見た開業費用の多寡によって開業者比率には差が生じているであろう。

　そこで、日本政策金融公庫総合研究所「新規開業実態調査」の2005年調査から2014年調査までの10年分のデータから、大分類業種別（13業種）の平均開業費用（不動産を購入しなかった企業）を算出した[8]。その順位によって勤務先企業の業種を「上位3業種」「中位7業種」「下位3業種」に分類し、開

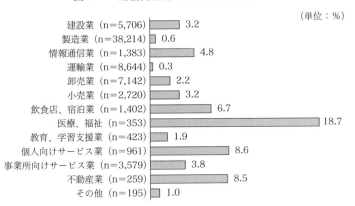

図 2-4　勤務先企業の業種別開業者比率

（単位：%）

建設業 (n=5,706)　3.2
製造業 (n=38,214)　0.6
情報通信業 (n=1,383)　4.8
運輸業 (n=8,644)　0.3
卸売業 (n=7,142)　2.2
小売業 (n=2,720)　3.2
飲食店、宿泊業 (n=1,402)　6.7
医療、福祉 (n=353)　18.7
教育、学習支援業 (n=423)　1.9
個人向けサービス業 (n=961)　8.6
事業所向けサービス業 (n=3,579)　3.8
不動産業 (n=259)　8.5
その他 (n=195)　1.0

業者比率を見ると、平均開業費用が高い「上位 3 業種」では 1.0％にすぎない
が、「中位 7 業種」は 1.9％、「下位 3 業種」は 3.6％となっている（図 2-5）。
つまり、平均開業費用が高い業種では開業者比率が低く、平均開業費用が低い
業種では開業者比率は高い。例えば、あるクリーニング店経営者（業歴 67
年、従業者 28 人）は「かつては一般クリーニング店での勤務を経て独立する
人が多かったが、開業するには設備一式で最低でも 3,000 万円と高額になって
いることから、最近では独立する人はほとんどいなくなった」と指摘する。

　業種特性をもたらす二つ目の要因は、離職率である。賃金や労働時間、仕事
の内容なども含めた労働条件が相対的に厳しい業種では、離職率が高いであろ
う。実際に、内閣府（2010）は賃金水準が低い業種ほど離職率が高いことを
示している。だとすれば、離職率の高い業種では離職することの機会費用が小
さく、その結果として開業者比率は高まるのではないか。

　図 2-6 は、厚生労働省「雇用動向調査」を用いて勤務先企業の業種別（36
業種）に一般労働者の離職率（離職者数／常用労働者数）[9]を算出し、開業者
比率とプロットしたものである。離職率の高い業種ほど開業者比率が高いとい
う関係がうかがえる。

　業種特性をもたらす三つ目の要因は、業務を営むために資格を要する業種か

図2-5 勤務先企業の業種別開業者比率
（開業費用の多寡による業種分類）

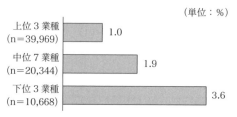

（単位：%）

- 上位3業種 (n=39,969) 1.0
- 中位7業種 (n=20,344) 1.9
- 下位3業種 (n=10,668) 3.6

（注） 日本政策金融公庫総合研究所「新規開業実態調査」により、業種別の平均開業費用（不動産を購入しなかった企業）を算出し、その順位によって大分類13業種を分類した。

平均開業費用の算出にあたり用いたデータは、本調査の開業者と開業年がほぼ重なる2005年調査から2014年調査までの10年分である。

分類結果は次のとおり。
- ・「上位3業種」:「医療、福祉」「飲食店、宿泊業」「製造業」
- ・「中位7業種」:「卸売業」「個人向けサービス業」「小売業」「その他」「不動産業」「教育、学習支援業」「運輸業」
- ・「下位3業種」:「情報通信業」「事業所向けサービス業」「建設業」

図2-6 勤務先企業の業種別に見た離職率と開業者比率

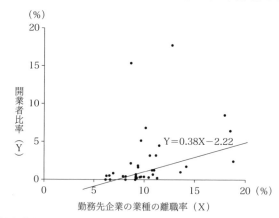

$Y=0.38X-2.22$

（注）1 厚生労働省「雇用動向調査」により、業種別に一般労働者の離職率（離職者数／常用労働者数）を算出した。算出にあたっては、2009年から2013年までの5年間の離職率を平均した（2008年以前の数値は産業分類が異なるため、接続できない）。

業種は原則として大分類17業種を用いたが、「製造業」、「サービス業（他に分類されないもの）」は中分類業種を用いている（「雇用動向調査」による分類）。上図では、これら36業種について離職率と開業者割合をプロットしている。

2 傾向線は最小二乗法によって算出した（業種ごとの正社員数によりウエイト付け）。自由度調整済み決定係数0.215。

どうかということである。税理士や弁護士などのいわゆる「士業」が典型であるが、資格を取得した人がいずれ独立することを前提として勤務することは少なくない。資格取得後に勤務先で実務経験を積み、顧客を開拓して独立するのである。

　例えば、社会保険労務士として開業を目指していた人のケースである。資格取得後に勤務した事務所で社会保険関係の書類作成・提出業務（1・2号業務）を経験したものの、人事・労務関係のコンサルティング業務（3号業務）は未経験であった。1・2号業務はある程度定型的であるのに対して、3号業務は経験が重要であることから、3号業務を学んだうえで独立したいと考えた。そこで、1・2号業務だけでなく3号業務も手がけている、ある社会保険労務士事務所（業歴12年、従業者13人）に転職した。この人は同事務所に2年半在籍してコンサルティング業務の経験を積み、その間に自分が開拓した顧問先をもって独立した。

　資格を要する業種は、先行研究の仮説にしたがうと、開業志向の強い人が自己選別する業種であるといえるだろう。

　ここでは、業務独占資格[10]を必要とする小分類業種を「資格を必要とする業種」とし、それ以外の小分類業種を「資格が不要である業種」とみなした。そのうえで開業者比率を見ると、「資格が不要である業種」は1.5％にすぎないのに対して、「資格を必要とする業種」は8.1％であり、明らかに高い（図2-7）。

　前掲図2-4で見た勤務先企業の業種と開業者比率との関係には、以上の三つの要因が反映されていると考えられる。

③　勤務先企業の業歴

　先行研究でもしばしば取り上げられている、勤務先企業の業歴と従業員の開業との関係を見ていこう。海外の先行研究では、負の関係、すなわち勤務先企業の業歴が短いほど従業員は開業する傾向があるという実証結果となっている（前掲表2-3）。日本の場合はどうだろうか。

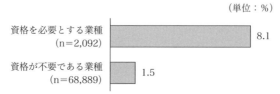

図2-7 勤務先企業の業種別開業者比率
（資格を必要とするかどうかによる業種分類）

（単位：％）

資格を必要とする業種
（n＝2,092）　　　　8.1

資格が不要である業種
（n＝68,889）　　　　1.5

（注）ここでいう資格とは「業務独占資格」を指す。業務独占資
　　格とは、特定の業務に関して特定の資格を有する者だけが行
　　えることが法令によって定められている資格である。
　　　小分類業種ごとに、資格を必要とするものかどうかによっ
　　て分類した。いわゆる「士業」のほか、電気工事業、医薬品
　　卸・小売業、理容業、美容業、診療所などが含まれている。

図2-8 勤務先企業の業歴別開業者比率

（単位：％）

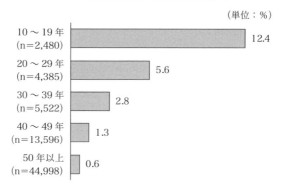

10〜19年
（n＝2,480）　　　　12.4

20〜29年
（n＝4,385）　　　　5.6

30〜39年
（n＝5,522）　　　　2.8

40〜49年
（n＝13,596）　　　1.3

50年以上
（n＝44,998）　　　0.6

　勤務先企業の調査時点における業歴別に開業者比率を見ると、「10〜19年」
では12.4％と高く、「20〜29年」では5.6％と低下し、「50年以上」だと
0.6％にすぎない（図2-8）。勤務先企業の業歴と開業者比率との間には負の
関係がありそうだ。

④　勤務先企業の業績
　次に勤務先企業の業績と開業者比率との関係を見てみよう。業績の指標とし

図 2-9　勤務先企業の 10 年前の業況別開業者比率

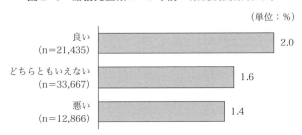

（単位：%）

図 2-10　勤務先企業の 10 年前の従業員増減傾向別開業者比率

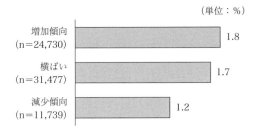

（単位：%）

ては、10 年前の業況（「良い」「どちらともいえない」「悪い」の三択）、10 年前の従業員の増減傾向（「増加傾向」「横ばい」「減少傾向」の三択）を用いる。海外の先行研究では、負の関係、すなわち勤務先企業の業績が悪いほど従業員は開業する傾向があるという実証結果が多いが、正の関係を検出した実証結果も存在する（前掲表 2-3）。

　10 年前の業況別に開業者比率を見ると、業況が「良い」とする企業では 2.0%、「どちらともいえない」は 1.6%、「悪い」は 1.4% となっており、正の関係がうかがえる（図 2-9）。また、10 年前の従業員増減傾向別に開業者比率を見ると、従業員が「増加傾向」とする企業では 1.8%、「横ばい」は 1.7%、「減少傾向」は 1.2% となっており、こちらも正の関係がうかがえる（図 2-10）。ただし、いずれも開業者比率に差が見られるとはいえ、業種や業歴において生じている差と比べると、きわめて小さい。また、業績は企業規模や業種などによって影響を受けることから、業績と開業者比率のクロス分析で

見られる差には、他の要因が影響を及ぼしている可能性もある。したがって、勤務先企業の業績と従業員の開業との関係について、他の要因をコントロールしたうえで検討する必要があるだろう。

⑤　勤務先企業の立地

　最後に、勤務先企業の立地が従業員の開業と関係があるのかを見ておきたい。

　ここでは立地を大きく大都市圏と地方圏の二つに分ける[*11]。大都市圏であれば市場が大きく、細分化した需要を対象に事業を始めることができるなど、事業機会が相対的に豊富である。また、大都市圏には外注先やさまざまな事業所向けサービス業も集積していることから、特定の機能に特化して事業を始めやすい。このように、開業を後押しするようなメリットがある一方で、競争相手が多く存在するというデメリットも存在する。開業者の多くは勤務先企業の近隣で事業を始めることから、その立地は勤務先企業の立地と重なりやすい[*12]。だとすれば、勤務先企業の立地によって開業者比率に差が生じる可能性がある。

　勤務先企業の立地別に開業者比率を見ると、「大都市圏」では2.1％と「地方圏」の1.3％よりも高い（図2-11）。とはいえ、その差はあまり大きくはない。

図2-11　勤務先企業の立地別開業者比率

（単位：％）

大都市圏
(n＝29,493)　2.1

地方圏
(n＝41,488)　1.3

（注）埼玉県、千葉県、東京都、神奈川県、愛知県、京都府、大阪府、兵庫県を「大都市圏」とし、それ以外の道県を地方圏とした（以下同じ）。

⑥　計量モデルによる分析

前①～⑤では勤務先企業の属性と開業者比率とをクロス集計することで見てきた。ここでは、計量モデルにより勤務先企業の属性と従業員の開業との関係を分析する。被説明変数は開業者を1、非開業者を0とするダミー変数である。本節で用いているアンケート調査は勤務先企業を調査対象にしていることから、個々の従業員の属性に関する情報は得られない。このため前掲表2-5の推計とは異なり、個人の属性やキャリアなどに関する説明変数はなく、表2-5にはなかった勤務先企業の属性に関する説明変数を加えている。

勤務先企業の第1の属性は業種である。ここでは大分類13業種ごとにダミー変数を作成し、開業者比率が最も低かった運輸業を参照変数とした（前掲図2-4）。また業種の特徴を表す説明変数として、先に見た開業費用の多寡別業種、業種別離職率、資格を必要とする業種かどうかを用い、業種のダミー変数と入れ替えて推計する。第2は勤務先企業の正社員数（10年前）である。これは勤務先企業の規模を表す。第3は勤務先企業の業歴である。第4は勤務先企業の業績であり、前掲図2-9で見た10年前の業況を用いる。暫定的に「悪い」を参照変数としているが、後述するように参照変数を「どちらともいえない」としたほうが傾向を明示できるので、後者のケースを欄外に示している。そして第5の属性は、勤務先企業の立地である。大都市圏を1、地方圏を0とするダミー変数である。

表2-8の推計③は業種のダミー変数を用いた推計結果、推計④はその代わりに業種の特徴を表す変数を用いた推計結果である。

まず推計③から見てみよう。業種については、「飲食店、宿泊業」の係数が最も大きく、「医療、福祉」「個人向けサービス業」「情報通信業」と続く。クロス集計では「医療、福祉」が最も開業者比率が高く、「飲食店、宿泊業」は4番目であった（前掲図2-4）。クロス集計と異なる結果になったのは、次に見る正社員数や業歴、業績、立地などの要因をコントロールしたからである。

勤務先企業の正社員数の係数はマイナスの値で有意（1％水準）である。勤務先規模が小さいほど従業員は開業する傾向が強いことを意味し、前掲表

表 2-8　開業の決定要因

推計方法		プロビット分析		推計③			推計④		
				係数	標準誤差		係数	標準誤差	
被説明変数				開業者ダミー（開業者＝1、非開業者＝0）					
説明変数	勤務先企業の業種（該当＝1、非該当＝0）	建設業		0.352	0.084	***			
		製造業		0.101	0.081		ー		
		情報通信業		0.586	0.099	***			
		運輸業		（参照変数）					
		卸売業		0.324	0.085	***			
		小売業		0.249	0.093	***			
		飲食店、宿泊業		0.806	0.092	***			
		医療、福祉		0.777	0.110	***			
		教育、学習支援業		0.240	0.180				
		個人向けサービス業		0.749	0.098	***			
		事業所向けサービス業		0.446	0.087	***			
		不動産業		0.419	0.143	***			
		その他		−0.427	0.295				
	勤務先企業の業種の特徴	開業費用の多寡別業種（該当＝1、非該当＝0）	上位3業種				−0.097	0.014	***
			中位7業種	ー			−0.048	0.038	
			下位3業種				（参照変数）		
		業種別離職率（％）					0.040	0.004	***
		資格を必要とする業種（該当＝1、非該当＝0）					0.205	0.047	***
	勤務先企業の正社員数（10年前）（人、対数）			−0.405	0.014	***	−0.411	0.014	***
	勤務先企業の業歴（年、対数）			−0.440	0.082	***	−0.295	0.027	***
	勤務先企業の業績①	10年前の業況（該当＝1、非該当＝0）	良い	0.090	0.043	**	0.083	0.042	**
			どちらともいえない	−0.111	0.040	***	−0.112	0.040	***
			悪い	（参照変数）			（参照変数）		
	勤務先企業の立地（大都市圏＝1、地方圏＝0）			0.173	0.028	***	0.209	0.028	***
定数項				−0.087	0.126		−0.111	0.116	
観測数				68,156			68,147		
疑似決定係数				0.2523			0.2431		

勤務先企業の業績②	10年前の業況（該当＝1、非該当＝0）	良い	0.201	0.032	***	0.194	0.031	***
		どちらともいえない	（参照変数）			（参照変数）		
		悪い	0.111	0.040	***	0.112	0.040	***
勤務先企業の業績③	10年前の従業員数の増減傾向（該当＝1、非該当＝0）	増加傾向	0.260	0.033	***	0.256	0.032	***
		変わらず	（参照変数）			（参照変数）		
		減少傾向	0.244	0.045	***	0.237	0.044	***

（注）　1　勤務先企業の業歴が10年以上の従業員について推計した。
　　　　2　欄外の「勤務先企業の業績②」「同③」はそれぞれ10年前の業況、10年前の従業員数の増減傾向を「勤務先企業の業績①」（太枠内）の代わりに説明変数とした場合の数値である（「勤務先企業の業績②」は「同①」の参照変数を変更したものである）。
　　　　3　推計③のVIFの最大値は2.79（製造業ダミー）、推計④は2.49（開業費用の多寡別業種上位3業種）であり、説明変数間の多重共線性は検出されなかった。

2-5 の推計と整合的である。勤務先企業の業歴を見ると、係数は有意（1％水準）にマイナスの値となっている。業歴の短い企業ほど、その企業に勤務する従業員が開業する確率が高い。

　勤務先企業の業績を示す指標として、10 年前の業況を見ると、参照変数である「悪い」を基準として「良い」はプラスの係数を示し有意（5％水準）であるが、「どちらともいえない」はマイナスの係数で有意（1％水準）である。クロス集計では業績と開業者比率との間に正の関係があるように見えるが、他の要因をコントロールすると、業況の「良い」企業において従業員が開業する確率が最も高く、次いで「悪い」企業、そして「どちらともいえない」では確率が最も低いということになる。この関係を分かりやすく示すために、欄外の「勤務先企業の業績②」では「どちらともいえない」を参照変数として表示している。「どちらともいえない」を基準とすると、「良い」「悪い」のいずれもがプラスの係数で有意（1％水準）である。

　業績の指標として「10 年前の従業員数の増減傾向」を用いても、同様の関係がうかがえる（欄外「勤務先企業の業績③」）。参照変数である「変わらず」と比べて、「増加傾向」「減少傾向」のいずれもプラスの係数を示し有意（1％水準）である。つまり、勤務先企業の業績については良好な企業、悪い企業の両方で従業員の開業確率が高いという、U 字型の関係が見られる。

　勤務先企業の立地については、大都市圏に立地している企業は地方圏に立地している企業と比べて、有意（1％水準）に従業員の開業確率が高い。

　業種のダミー変数の代わりに、業種の特徴を表す三つの説明変数を用いた推計④を見ると、開業費用の多寡別業種では参照変数である「下位 3 業種」と比べて「上位 3 業種」の係数はマイナスの値をとり有意である（1％水準）。「中位 7 業種」もマイナスの値であるが有意ではない。やや弱い関係ながらも、開業費用が高い業種ほど従業員が開業する確率は低いといえそうだ。業種別離職率の係数はプラスの値で有意（1％水準）であり、離職率の高い業種ほど従業員が開業する確率が高い。資格を必要とする業種についても、係数はプラスの値で有意（1％水準）であり、資格を必要とする業種では従業員が開業

する確率は高い。これら三つの説明変数については、クロス集計の結果と一致
している。

(3) 小括

　本節では二つの調査をもとに、勤務先企業の属性と従業員の開業との関係を
分析した。

① 「起業と起業意識に関する調査」による分析

　第1段階の分析では、勤務先企業の規模と従業員の開業との関係を探って
いる。その結果、勤務先企業の規模と従業員の開業は負の関係にあることが明
らかになった（前掲表2-5）。すなわち、大企業を典型とする硬直的な組織に
よって従業員の開業が促されるという、第1の仮説は成り立たない。

　残るのは、第2の仮説（開業に必要なスキル、ネットワーク等の獲得可能
性）、第3の仮説（機会費用の多寡）、第4の仮説（開業志向の強い人による
自己選別）である。

　前掲表2-5の推計によると、勤務先企業の規模が「従業員300人以上」と
「公務員」の場合、いずれも従業員の開業に対して同水準の負の影響を及ぼし
ている。公務員は安定した仕事の典型であることを考えると、公務員を辞めて
開業することの機会費用は大きいといえる。だとすれば、第3の仮説が成り
立つようにも見える。しかし、一方で年収（開業者は開業直前の年収）が多い
ほど開業の確率は高いという結果を得ている。年収が多いほど機会費用は大き
いと考えられるので、この点からは第3の仮説は成り立たないようにも見え
る。したがって、第2～第4の仮説のいずれが妥当性をもつかは、ここでは断
定できない。

② 「経営者の事業方針に関するアンケート」による分析

　「経営者の事業方針に関するアンケート」には大企業に勤務する人や公務員
は含まれていない。すでに、勤務先企業の規模と従業員の開業とは負の関係に

あることが明らかになっていることから、第 2 段階の分析では勤務先企業の規模だけではなく、ほかにどのような属性が従業員の開業と有意な関係にあるかを探っている。その結果をもとに、第 2 〜第 4 の仮説の妥当性を検討しよう。それぞれの仮説から導かれる関係は前掲表 2-2 に示したとおりである。

　推計結果では、出身企業の規模と従業員の開業とは負の関係、業歴と従業員との開業も負の関係が検出された。これらは第 2 〜第 4 の仮説と整合的な結果である。また出身企業の業種については、離職率が高い業種では開業者比率が高いという推計結果が得られている。これは、第 3 の仮説（機会費用の多寡）と整合的である。一方、資格が必要な業種では開業者比率が高いという推計結果からは、第 4 の仮説（開業志向の強い人による自己選別）が成り立っているものと考えられる。

　出身企業の業績については、業況が「良い」企業と「悪い」企業、従業員数が「増加傾向」の企業と「減少傾向」の企業が、それぞれ「どちらともいえない」企業、「横ばい」の企業と比べて、従業員が開業する確率が高い。U 字型の右側、業績の良い企業に勤務することで、開業に必要な高水準のスキルなどを獲得できる結果、従業員の開業確率が高くなっていると解釈できる。したがって第 2 の仮説が成り立っているといえるだろう。一方 U 字型の左側、業績の悪い企業では、機会費用が小さいことから従業員の開業確率が高いという第 3 の仮説を反映していると考えられる。

　以上の結果をまとめると、開業に必要なスキルやネットワーク等の獲得可能性、機会費用の多寡、開業者自身による勤務先企業の自己選別のいずれもが、出身企業の属性と従業員の開業との関係を左右しているといえるだろう。

4　**出身企業の属性と開業者の業績との関係**

　第 3 段階の分析では、出身企業の属性が開業者の業績に対してどのような関係にあるかを探る。ここで用いるのは、日本政策金融公庫総合研究所が実施した「新規開業実態調査」（2014 年）である（表 2-9）。同調査は、開業後の

表 2-9 「新規開業実態調査」(2014 年) の実施要領

調査時点：2014 年 8 月
調査対象：日本政策金融公庫（国民生活事業）が 2013 年 4 月から同年 9 月にかけて融資した企業のうち、融資時点で開業後 1 年以内の企業（開業前の企業を含む）　7,740 社
調査方法：調査票の送付・回収ともに郵送
回 収 数：1,885 社（回収率 24.4％）

資料：日本政策金融公庫総合研究所「新規開業実態調査」(2014 年)（表 2-10 まで同じ）

図 2-12　出身企業（開業する直前の勤務先）の従業者規模

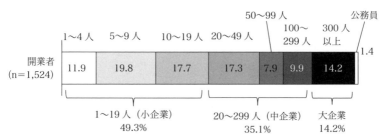

(注) 1　開業する直前の職業が「会社や団体の常勤役員」「正社員・正職員（管理職）」「正社員・正職員（管理職以外）」である人について集計した（以下同じ）。
　　 2　以下の集計では「公務員」は除外する。
　　 3　以下では、従業者 1〜19 人を「小企業」、20〜299 人を「中企業」、300 人以上を「大企業」という。

経過月数が平均 14.8 カ月（最小 0 カ月〜最大 29 カ月）の開業者を対象としている。

(1) 出身企業の属性

　まず、開業する直前の勤務先（つまり出身企業）の属性（規模、業歴、業績）を確認する[13]。

　出身企業の従業者規模を見ると、「1〜19 人」（以下では「小企業」という）の割合は 49.3％、「20〜299 人」（同「中企業」）は 35.1％、「300 人以上」（同「大企業」）は 14.2％、「公務員」は 1.4％であった（図 2-12）。中小企業（小企業と中企業の合算）は 84.4％にのぼり、常用雇用者数のうち中小企業の

図2-13　出身企業の業歴

(単位：%)

	9年以下	10-19年	20-29年	30-39年	40年以上	わからない
開業者 (n=1,500)	16.3	21.9	14.7	14.4	20.2	12.5

図2-14　出身企業の業況（離職時）

(単位：%)

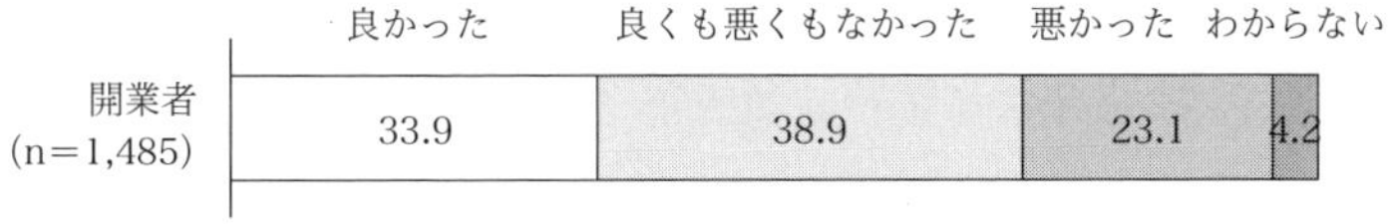

	良かった	良くも悪くもなかった	悪かった	わからない
開業者 (n=1,485)	33.9	38.9	23.1	4.2

占める割合（65.2%）[14]を大きく上回る。このことからも、中小企業は大企業よりも多くの開業者を生み出しているといえる。

　出身企業の業歴を見ると、「10〜19年」が21.9%を占め最も多く、「40年以上」（20.2%）が続く（図2-13）。図示はしていないが、従業者規模の小さい出身企業ほど業歴の浅い企業の割合が高い。

　出身企業の離職時点における業況は図2-14のとおりである。図示はしていないが、出身企業の業況が「良かった」とする割合は、出身企業が大企業である場合は46.8%であるのに対して、中企業の場合は33.0%、小企業の場合は30.7%である。

(2) 計量モデルによる分析

　以上のように、出身企業の規模と業歴、業績の間には一定の関係が見られることから、開業者の業績との関係を分析するには、他の要因をコントロールする必要がある。そこで、計量モデルによって開業者の業績の決定要因を見ることにしよう。

　被説明変数は調査時点における業績である。ここでは、予想月商達成率（開業前に予想した1か月あたりの売上高に対する調査時点における1か月あた

りの売上高の比率)＊15、採算状況（黒字基調を1、赤字基調を0とするダミー変数）の二つを用いる。

説明変数は三つのグループに分かれている。

第1は開業者の属性である。性別、開業時の年齢を説明変数とした。

第2は開業者のキャリアである。管理職経験の有無、斯業経験年数（現在の事業に関連する仕事をした経験年数）を説明変数とした。さらに、上で見た出身企業の属性、すなわち規模、業歴、離職時の業況を用いる。

第3は、開業した事業の属性である。業種（大分類13業種）、開業時の従業者数、フランチャイズチェーン加盟状況、新規性の有無、開業後の経過月数、開業の準備に要した月数を用いる。

推計結果は表2-10のとおりである。推計⑤では予想月商達成率を被説明変数とし、推計⑥では採算状況を被説明変数としている。説明変数のうち、注目するのは出身企業の属性に関する変数である。

出身企業の規模については、参照変数の「小企業」を基準として、「中企業」は業績に対してプラス（推計⑤は有意、推計⑥は非有意）、「大企業」は業績に対してマイナスの関係（推計⑤は非有意、推計⑥は有意）が見られる。そこで、参照変数を「中企業」に代えると、「小企業」はマイナスの関係（推計⑤は有意、推計⑥は非有意）、「大企業」もマイナスの関係（推計⑤、⑥ともに有意）が見られる（表2-10の欄外、「出身企業の規模②」）。つまり、開業企業の業績に対して出身企業の規模は、やや弱いながらも逆U字型の関係があるといえそうだ。

一方、出身企業の業歴については、「40年以上」を参照変数としているが、推計⑤、推計⑥ともに、業歴が短くなるにつれて係数が傾向的に変化を示しているわけではなく、有意でもない。

出身企業の業況については、参照変数である「悪かった」を基準として、推計⑤、推計⑥ともに、「良くも悪くもなかった」の係数は非有意ながらもプラスの値となり、「良かった」はそれよりも大きなプラスの値をとり、有意である。出身企業の業況が良いほど開業者の業績が良いという関係がうかがえる。

表 2-10　開業者の業績の決定要因

推計方法 推計⑤：最小二乗法 推計⑥：プロビット分析				推計⑤		推計⑥	
				係数	標準誤差	係数	標準誤差
被説明変数				予想月商達成率（%）		現在の採算状況（黒字基調＝1、赤字基調＝0）	
説明変数	開業者の属性	性別（女性＝1、男性＝0）		−3.118	5.124	−0.164	0.136
		開業時の年齢（歳）		−0.843	0.178 ***	−0.021	0.005 ***
	開業者のキャリア	管理職経験の有無（あり＝1、なし＝0）		0.704	3.582	0.148	0.100
		斯業経験年数（年）		0.288	0.171 *	0.004	0.005
		出身企業の規模①（該当＝1、非該当＝0）	小企業	(参照変数)		(参照変数)	
			中企業	6.130	3.717 *	0.103	0.095
			大企業	−3.566	5.414	−0.333	0.135 **
		出身企業の業歴（該当＝1、非該当＝0）	9 年以下	4.244	5.497	0.052	0.146
			10～19 年	3.086	4.843	0.118	0.132
			20～29 年	0.460	5.022	−0.156	0.136
			30～39 年	6.225	4.701	−0.097	0.132
			40 年以上	(参照変数)		(参照変数)	
		出身企業の業況（離職時）（該当＝1、非該当＝0）	良かった	10.710	4.040 ***	0.198	0.109 *
			良くも悪くもなかった	1.382	3.593	0.003	0.104
			悪かった	(参照変数)		(参照変数)	
	開業した事業の属性	業種	(13 業種)	(省略)		(省略)	
		開業時の従業者数（人、対数）		5.084	2.197 **	0.192	0.056 ***
		フランチャイズチェーン加盟状況（加盟＝1、非加盟＝0）		−4.235	5.330	−0.043	0.167
		新規性の有無（あり＝1、なし＝0）		3.879	3.159	0.035	0.092
		開業後の経過月数（月）		1.256	0.381 ***	0.017	0.010 *
		開業の準備に要した月数（月）		−0.086	0.103	0.000	0.003
定数項				97.019	11.989 ***	0.476	0.317
観測数				1,088		1,117	
（疑似）決定係数				0.122		0.071	

出身企業の規模②（該当＝1、非該当＝0）	小企業	−6.130	3.717 *	−0.103	0.095
	中企業	(参照変数)		(参照変数)	
	大企業	−9.697	5.245 *	−0.436	0.132 ***

(注)　1　出身企業の業歴、業況が「分からない」と回答した企業はサンプルから除いている。
　　　2　予想月商達成率＝現在の月商÷開業時に予想した月商 ×100。異常値を排除するために、平均 ±（3× 標準偏差）の範囲内のサンプルを推計対象にした。
　　　3　出身企業の規模②（欄外）は、出身企業の規模①の参照変数を小企業から中企業に変更したものである。
　　　4　推計⑤の VIF の最大値は 2.00（医療福祉ダミー）、推計⑥は 2.02（同）であり、説明変数間の多重共線性は検出されなかった。

第2の仮説（開業に必要なスキル、ネットワーク等の獲得可能性）に従えば、開業者の業績に対して出身企業の規模と業歴は負の相関、出身企業の業績は正の相関が導かれる（前掲表2-2）。一方、第3の仮説（機会費用の多寡）に従えば、出身企業の規模、業歴、業績のいずれも正の相関が導かれる。

　計量モデルによると、開業者の業績に対して、出身企業の規模は弱いながらも逆U字型の関係が見られる。この点については、次のように考えられる。小企業勤務者は開業に必要なスキルやネットワーク等を獲得しやすく業績にプラスの効果がある半面、機会費用が小さいことによって安易な開業も生まれやすく業績にマイナスの効果もある。プラスとマイナスの効果が作用する結果、業績に対して弱い負の関係が生じている。一方、大企業勤務者はプラスの効果よりもマイナスの効果が大きいことから、業績に対して有意な負の関係が生じている。

　出身企業の業歴は開業者の業績に対して有意な相関は見られないが、出身企業の業績は正の相関が見られる。つまり、業績の良い中小企業からは業績の良好な開業者が生まれやすい、ということである。

　第3段階の分析からは、第2の仮説が支持されるものの、第3の仮説も排除することはできない。

5　まとめ

　以上、出身企業の属性と従業員の開業との関係、出身企業の属性と開業者の業績との関係について探ってきた。その結果をまとめると、次の4点が指摘できる。

① 　従業員の開業確率に対して、出身企業の規模と業歴は負の相関が見られる。一方、出身企業の業績は従業員の開業確率に対してU字型の関係、すなわち業績が中位の出身企業よりも上位および下位の出身企業のほうが従業員の開業確率が高いという関係が見られる。これらの関係の背景には、開業

に必要となるスキルやネットワーク等の獲得可能性、機会費用の多寡、開業
志向の強い人による自己選別が存在している。

② 機会費用の多寡に着目する仮説に従えば、出身企業の規模および業績は開
業者の業績に対して正の相関が導かれる。一方、開業に必要なスキルやネッ
トワーク等の獲得可能性に着目する仮説に従えば、出身企業の規模は開業者
の業績に対して負の相関、出身企業の業績は正の相関が導かれる。

　推計では、開業者の業績に対して、出身企業の規模は弱い逆U字型の関
係が見られる。規模の小さな企業では開業に必要なスキルなどを獲得しやす
い一方で、機会費用が小さいことから安易な開業に踏み切る従業員も存在す
ることは否定できないだろう。また、開業者の業績に対して出身企業の業績
は正の相関が見られる。この背景には、業績の良い企業に勤務することで、
高水準のスキルやネットワーク等を獲得していることがある。

③ ①で見たとおり、より多くの開業者を生み出す出身企業は、規模が小さい
企業、業歴が短い企業であるが、業績についてはほどほどであるよりは良好
な業績の企業、悪い業績の企業の両方からより多くの開業者が生まれる。極
端なことをいえば、多くの中小企業が経営不振によって廃業すれば、そこか
ら多くの開業者が生まれることになる。

　しかし、業績の悪い企業から多くの開業者が生まれたとしても、開業後す
ぐに経営が行き詰まってしまうようでは意味がない。したがって、開業希望
者にとって望ましいのは、業績の良い中小企業での勤務経験である。業績の
良い中小企業からは、高質なスキルやネットワーク等が従業員に移転される
ことを通じて、業績の良好な開業者が生まれやすいからである。

　また、社会にとっても、経営を維持でき、良好な業績を示す開業者がより
多く生まれることが望ましい。そのように考えれば、業績の良い中小企業、
すなわち健全な出身企業を増やすことは社会的に重要であろう。

④ 政策的なインプリケーションとしては二つ指摘できる。

　第1は既存の中小企業に対する政策の意義である。既存の中小企業が相
対的に多くの開業者を生み出すという役割を果たしているという点からも、

既存の中小企業に対する政策支援は正当化されるだろう。政策支援によって健全な中小企業が増加すれば、良好な業績を示す開業者がより多く生まれる。

　第2は、スキルやネットワーク等を獲得して開業する中小企業の従業員への支援が重要であるということだ。機会費用が小さいことを背景として開業者が生まれるという側面はあるが、そのようにして生まれた開業者よりも、中小企業においてスキルやネットワーク等を獲得した従業員が開業するほうが、良好な業績を示す傾向にあるからだ。

補論：開業者を生み出しやすい企業に関する推計

　「経営者の事業方針に関するアンケート」を用いた推計（前掲表2-8）では、前掲表2-7における集計企業（3,230社）の正社員（10年前）7万981人を分析対象に、開業者ダミーを被説明変数として分析している。つまり、開業者はどのような企業から生まれているのかを推計している。

　この推計結果の妥当性を確認するために、集計企業を分析対象として、どのような企業が開業者をより多く生み出しているのかを推計した（表2-11）。被説明変数は、当該企業の10年前の正社員数に対する開業者の比率（企業iが生み出した開業者数÷企業iの10年前の正社員数）を対数化したものである。説明変数は前掲表2-8と同じものを用いている[*16]。

　このように企業ベースで推計したところ、結果は前掲表2-8とほぼ同様であった。ただし、勤務先企業の業績については、「10年前の業況」を用いると、「どちらともいえない」を基準として「悪い」はプラスの係数であるものの有意ではない（表2-11の欄外、勤務先企業の業績②）。一方、「10年前の従業者数の増減傾向」を用いると、前掲表2-8と同様、「変わらず」を基準として「増加傾向」「減少傾向」のいずれも有意なプラスの係数となった（同、勤務先企業の業績③）。

　分析対象を企業ベースにしてもほぼ同様の結果を得られたことから、本文における推計は妥当であるといえるだろう。

表 2-11　開業の決定要因（企業ベースの推計）

推計方法	最小二乗法		推計⑦		推計⑧	
			係数	標準誤差	係数	標準誤差
被説明変数			開業者数／10 年前の正社員数 (0.01 を加えて対数化)			
説明変数	勤務先企業の業種（該当＝1、非該当＝0）	建設業	0.625	0.098 ***	—	
		製造業	0.150	0.061 **		
		情報通信業	0.833	0.218 ***		
		運輸業	（参照変数）			
		卸売業	0.378	0.087 ***		
		小売業	0.408	0.107 ***		
		飲食店、宿泊業	1.074	0.224 ***		
		医療、福祉	1.083	0.276 ***		
		教育、学習支援業	0.316	0.355		
		個人向けサービス業	1.167	0.228 ***		
		事業所向けサービス業	0.639	0.124 ***		
		不動産業	0.451	0.280		
		その他	−0.247	0.081 ***		
	勤務先企業の業種の特徴	開業費用の.多寡別業種（該当＝1、非該当＝0）上位3業種	—		−0.227	0.082 ***
		中位7業種			−0.175	0.084 **
		下位3業種			（参照変数）	
		業種別離職率（％）			0.048	0.011 ***
		資格を必要とする業種（該当＝1、非該当＝0）			0.318	0.123 ***
	勤務先企業の正社員数（10年前）（人、対数）		−0.060	0.020 ***	−0.076	0.020 ***
	勤務先企業の業歴（年、対数）		−0.308	0.054 ***	−0.341	0.053 ***
	勤務先企業の業績① 10年前の業況（該当＝1、非該当＝0）	良い	0.138	0.076 *	0.132	0.077 *
		どちらともいえない	−0.035	0.064	−0.043	0.065
		悪い	（参照変数）		（参照変数）	
	勤務先企業の立地（大都市圏＝1、地方圏＝0）		0.139	0.054 ***	0.169	0.054 ***
定数項			−3.204	0.206 ***	−3.038	0.251 ***
観測数			2,422		2,417	
決定係数			0.1152		0.0948	

勤務先企業の業績②	10年前の業況（該当＝1、非該当＝0）	良い	0.172	0.063 ***	0.175	0.064 ***
		どちらともいえない	（参照変数）		（参照変数）	
		悪い	0.035	0.064	0.043	0.065
勤務先企業の業績③	10年前の従業員数の増減傾向（同上）	増加傾向	0.276	0.064 ***	0.277	0.065 ***
		変わらず	（参照変数）		（参照変数）	
		減少傾向	0.167	0.076 **	0.182	0.076 **

資料：表 2-6 と同じ。
(注)　1　業歴が 10 年以上の企業について推計した。
　　　2　欄外の「勤務先企業の業績②」「同③」は「勤務先企業の業績①」の代わりにそれぞれ 10 年前の業況、10 年前の従業員の増減傾向を説明変数とした場合の数値である（「勤務先企業の業績②」は「同①」の参照変数を変更したものである）。
　　　3　推計⑦の VIF の最大値は 4.85（製造業ダミー）であり、やや高いものの VIF の目安といわれる 10 を大きく下回っている。推計⑧は 1.83（10 年前の業況「良い」）であり、説明変数間の多重共線性は検出されなかった。

　二次分析にあたり、東京大学社会科学研究所附属社会調査・データアーカイブ研究センターSSJ データアーカイブから「新規開業実態調査,2014」（日本政策金融公庫総合研究所）、「新規開業実態調査, 2017」（同）、「新規開業実態調査, 2018」（同）、「新規開業実態調査, 2019」（同）、「新規開業実態調査, 2020」（同）の個票データの提供を受けました。

● **注記**────────────

＊1　第1章参照。

＊2　先行研究においては、雇用成長率や利益率といった開業者の業績だけではなく、Elfenbein et al.（2008）のように開業者の存続・廃業を取り上げているものもあることから、「業績」ではなく「パフォーマンス」という言葉を用いる。

＊3　井上（2016）は、実際に起業したかどうかではなく、10年後に「自分で事業をおこしていたい」または「独立して一人で仕事をしていたい」という、起業意思の発生と起業意思が継続する要因を分析している。その結果、規模の大きい企業の勤務者は、起業意思が発生しにくいうえに、起業意思が発生しても喪失しやすいことを指摘している。

＊4　本節では、自社に勤務後に辞めて開業した従業員がいる企業とそのような従業員がいない企業が登場する。前者は「出身企業」であるが、両者を合わせたものを「勤務先企業」と称することにする。

＊5　調査の詳細は第4章4節を参照。

＊6　同調査は、中小企業の経営状況や経営課題、経営者の事業に対する考え方等を探るために実施したものであるが、従業員の開業に関する設問も相乗りする形で尋ねている。

＊7　表2-7では、10年前の正社員数が0人の企業718社から10年間で合計103人の開業者が生まれている。これは、10年前には正社員がいなかった企業において、その後に新規採用した正社員が10年以内に開業した場合が含まれているからだと考えられる。

＊8　「新規開業実態調査」の2005年調査から2014年調査にかけての調査対象は、「経営者の事業方針に関するアンケート」における開業者と開業年がほぼ重なる。

＊9　2009年から2013年までの5年間の離職率を平均したものを、それぞれの業種の離職率とした。なお、「雇用動向調査」は2009年に産業分類を変更しており、それ以前のデータとは接続できない。

＊10　特定の資格を有する者だけが特定の業務を行うことができ、資格がなければその業務を行うことが禁止されている資格を意味する。

＊11　「大都市圏」は埼玉県、千葉県、東京都、神奈川県、愛知県、京都府、大阪府、兵庫県とし、「地方圏」はそれ以外の道県とした。

＊12　国民生活金融公庫総合研究所「新規開業実態調査」（2007年）を再集計したところ、開業者のうち、「現在の本拠地」が所在する都道府県と「経験を積んだ場所」（その多くは前勤務先）が所在する都道府県とが一致している開業者は79.8％である。

＊13　ここでは、第2段階の分析とそろえるために、開業直前の職業が正社員（会社や団体の常勤役員を含む）である開業者を集計対象とした。また、出身企業

の規模、業績は開業者が離職した時点のものを、出身企業の業歴は調査時点の
ものを用いている。

＊14　総務省「経済センサス－基礎調査」（2014年）再編加工（「中小企業白書
　　　2016年版」付属統計資料）。

＊15　第1章の注5を参照。

＊16　なお、10年前の正社員が0人の企業（718社）は同比率を計算できないこと
　　　から、分析対象から除外している。

第3章

開業者の経営経験

1 問題意識

　本章では、開業に必要な能力の獲得経路として、過去の経営経験を取り上げる。新規開業企業の多くは初めての開業、すなわち経営未経験者による開業である。しかしながら、経営経験者が開業するケースも無視できない程度存在する。

　日本政策金融公庫総合研究所「新規開業実態調査」では2012年調査以降、過去の経営経験の有無を尋ねており、「事業を経営したことがあり、現在もその事業を続けている」開業者、「事業を経営したことはあるが、すでにその事業は辞めている」開業者を識別できる。一般的に前者は「ポートフォリオ起業家」、後者は「連続起業家」と呼ばれている。同調査によると、起業家に占めるポートフォリオ起業家の割合は4.7〜7.5％、連続起業家は6.9〜9.7％である（図3-1）。両者を合わせると11.6％〜16.5％を占め、経営経験のある起業家は少数派であるものの一定割合存在するといえる。

　直感的には、過去の経営経験によって開業に必要な能力を獲得できることから、開業経験者による開業は開業未経験者と比べて良好な業績をあげられそうに思われる。かりにそうだとすれば、初めての開業を促進するだけではなく、2度目、3度目の開業を促進することは社会的に意味があるといえるだろう。

　そこで本章では経営経験者の開業を取り上げる。先行研究にならい、経営経験者をポートフォリオ起業家、連続起業家に分けて分析する。

　本章の分析で利用するデータは、日本政策金融公庫総合研究所「新規開業実

図3-1 開業者に占める経営経験者の割合

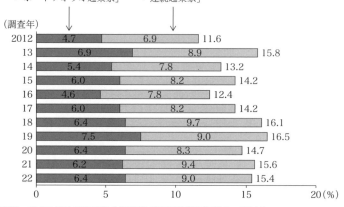

事業を経営したことがあり、
現在もその事業を続けている
→「ポートフォリオ起業家」

事業を経営したことはあるが、
すでにその事業は辞めている
→「連続起業家」

(調査年)

調査年			計
2012	4.7	6.9	11.6
13	6.9	8.9	15.8
14	5.4	7.8	13.2
15	6.0	8.2	14.2
16	4.6	7.8	12.4
17	6.0	8.2	14.2
18	6.4	9.7	16.1
19	7.5	9.0	16.5
20	6.4	8.3	14.7
21	6.2	9.4	15.6
22	6.4	9.0	15.4

資料：日本政策金融公庫総合研究所「新規開業実態調査」（各年）
(注) 2019年調査からは、「事業を経営したことがあり、現在も主に自分がその事業を経営している」「事業を経営したことがあり、現在もその事業に携わっているが、経営は主にほかの人がやっている」を合わせたものを「ポートフォリオ起業家」としている。

表3-1 「新規開業実態調査」（2016年）の調査要領

調査時点：2016年8月	
調査対象：日本政策金融公庫（国民生活事業）が2015年4月から同年9月にかけて融資した企業のうち、融資時点で開業後1年以内の企業（開業前の企業を含む） 8,145社	
調査方法：調査票の送付・回収ともに郵送、アンケートは無記名	
回 収 数：1,967社（回収率24.1%）	

資料：日本政策金融公庫総合研究所「新規開業実態調査」（2016年）（以下同じ）

態調査」（2016年）である（表3-1）。調査対象企業（以下「対象企業」）の開業からの経過月数は平均14.6カ月である。

　なお、以下では、ポートフォリオ起業家が対象企業を開業する前に経営者に就任し、現在も経営している企業を「母体企業」、連続起業家が対象企業を開業する前に経営し、すでに経営者を退任した企業を「前任企業」と称する。

　本章の構成は次のとおりである。2節では経営経験のある起業家に関する先

行研究を概観する[*1]。3節では、経営経験の類型、すなわち未経験起業家、ポートフォリオ起業家、連続起業家について、起業家や事業の属性を比較する。さらに、4節、5節では、ポートフォリオ起業家、連続起業家のそれぞれについて、経営者に就任した経緯や事業内容、経営資源等の引き継ぎなどの特徴を詳細に見ていく。そして6節では、それぞれの業績を未経験起業家と比較する。7節では、未経験起業家が今後新たに企業を開業し、ポートフォリオ起業家や連続起業家になる意向がどの程度あるのかを確認する。8節は本章のまとめである。

2　先行研究

　経営経験のある起業家に関する研究は1990年代頃からさかんに行われるようになっている。多様な存在である起業家について追究しようとすれば、多様性の源泉の一つである起業家の経験の多様性、とりわけ過去の事業経営経験に着目しなければならないからである（Westhead and Wright 2015）。このため、起業家を novice entrepreneur（経営経験のない起業家、以下「未経験起業家」）と habitual entrepreneur（経営経験のある起業家、以下「経営経験者」）に分類し、あるいは後者をさらに portfolio entrepreneur（事業を経営したことがあり、現在もその事業を続けながら新たに開業した人、以下「ポートフォリオ起業家」）と serial entrepreneur（事業を経営したことはあるが、すでにその事業を辞め、新たに開業した人、以下「連続起業家」）に分類して、それぞれの類型について属性（主として教育や動機、能力などの人的資源）や行動（事業機会の認識、経営資源の獲得、事業の構築など）、パフォーマンス[*2]などの特徴を分析する先行研究が多い（Ucbasaran et al. 2008）。

　とりわけ、多くの研究者の関心を引いているのはパフォーマンスについてである。経営経験者は、経営経験を通じて経営能力や技術、人的ネットワークなどを獲得している（Westhead et al. 2005; Westhead, Ucbasaran and Wright 2009）。また、未経験起業家と比べると経営経験者は、その経験をもとに幅広

い情報源をもつことから、より有利な事業機会を認識できるだろう（Westhead et al. 2005）。このように経営経験者はより高い人的資本をもち、有利な事業機会を認識しやすいと考えられることから、未経験起業家よりも良好なパフォーマンスを示しているという仮説が、多くの先行研究において検証されている。

　しかしながら、起業家の経営経験とパフォーマンスとの関係については一致した結論が得られてはいない。経営経験者またはポートフォリオ起業家や連続起業家が未経験起業家よりもパフォーマンスが有意に良いという結果を得た研究（Alsos and Kolvereid　1998; Westhead et al.　2005; 竹内 2003; 川上 2007 など）がある半面、経営経験とパフォーマンスとの間に有意な関係を見いだせなかった研究（Kolvereid and Bullvag　1993; Westhead and Wright 1998; 本庄 2005; Chatterji 2009; 安田 2010; 鈴木 2010a など）もある。

　一方、鈴木（2010b）はポートフォリオ起業家、連続起業家を一律に分析するのではなく、その異質性を捉える必要があると指摘している。具体的には、経営経験の年数や新旧事業の関連性など、経験内容の違いを分析に取り込み、経営経験を通じて獲得しうる能力にはパフォーマンスを高めるものと低下させるものがあるという結論を得ている。

　本章でも、ポートフォリオ起業家、連続起業家を一律に分析するだけではなく、その特性に応じて分類したうえで業績を分析する。

3　経営経験者と企業の属性

（1）経営経験の分布と企業数・経営年数

　まず経営経験の分布を見ると、連続起業家は起業家全体の 7.8％を占め、ポートフォリオ起業家は 4.6％を占める（前掲図 3-1 の 2016 年を参照）。両者を合わせた経営経験者の割合は 12.4％である。

　対象企業を開業するまでに経営した企業の数は、連続起業家が平均 1.3 社であるのに対して、ポートフォリオ起業家は同 1.6 社であった。また、対象企業

を開業するまでに企業を経営した年数を通算すると、連続起業家が平均 10.1 年であるのに対して、ポートフォリオ起業家は同 12.2 年であった*3。

（2）経営経験者の属性

　次に、経営経験者の属性を見ていこう。

　対象企業を開業したときの年齢を見ると、未経験起業家は「39 歳以下」の割合が 45.5％を占めるのに対して、連続起業家は 17.6％、ポートフォリオ起業家は 17.3％にすぎない（図 3-2）。平均年齢は未経験起業家が 41.7 歳であるのに対して、連続起業家、ポートフォリオ起業家はそれぞれ 48.9 歳、48.7 歳である。連続起業家、ポートフォリオ起業家にとって対象企業は 2 社目あるいはそれ以降に開業した企業であることから、初めて開業した未経験起業家と比べて開業年齢は総じて高い。

　女性の割合は、未経験起業家が 18.2％であるのに対して、連続起業家は 15.4％、ポートフォリオ起業家は 9.9％とやや低いが、有意な差があるとはいえない*4。

　斯業経験年数（現在の事業に関連する仕事をした経験年数）が「0 年」（斯業経験なし）である割合は、未経験起業家が 13.1％であるのに対して、連続起業家は 23.1％、ポートフォリオ起業家は 29.6％を占める（図 3-3）。ポートフォリオ起業家は、斯業経験のない事業を手がける割合が相対的に高い。

図 3-2　対象企業開業時の年齢

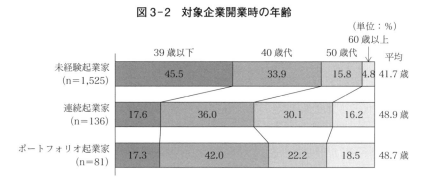

（単位：％）

	39 歳以下	40 歳代	50 歳代	60 歳以上	平均
未経験起業家 （n＝1,525）	45.5	33.9	15.8	4.8	41.7 歳
連続起業家 （n＝136）	17.6	36.0	30.1	16.2	48.9 歳
ポートフォリオ起業家 （n＝81）	17.3	42.0	22.2	18.5	48.7 歳

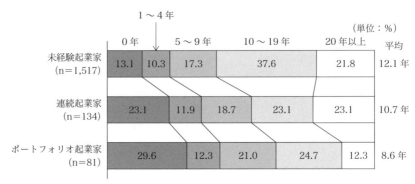

図3-3　斯業経験年数

（注）「斯業経験」とは、開業した事業と関連のある仕事の経験である。

(3) 対象企業の属性

① 事業

　次に、事業の属性を経営経験の類型別に比較する。

　表3-2は業種構成を見たものである。類型間で構成比が有意に異なる業種は、「製造業」「情報通信業」「生活関連サービス業、娯楽業」「サービス業（他に分類されないもの）」である。ポートフォリオ起業家は「製造業」「情報通信業」の構成比が相対的に高く、連続起業家は「サービス業（他に分類されないもの）」が高い。一方、未経験起業家は「生活関連サービス業、娯楽業」の構成比が相対的に高い。

　ではなぜ起業家はこれらの事業で開業したのだろうか。現在の事業内容を選定した理由を経営経験の類型別に見ると、いずれの類型も「これまでの仕事の経験や技能を生かせるから」と回答した割合が最も高い（図3-4）。ただしその割合は、未経験起業家が48.3％、連続起業家が44.0％であるのに対して、ポートフォリオ起業家は31.6％と相対的に低い。一方でポートフォリオ起業家は、「成長が見込める事業だから」「地域や社会が必要とする事業だから」と回答した割合が相対的に高い。「経験がなくてもできそうだから」「その他」を除く選択肢を「経営資源主導」（経験や技能、資格、不動産など経営資源を保

表 3-2　業種の構成比

業　種	未経験起業家 (n = 1,525)	連続起業家 (n = 136)	ポートフォリオ起業家 (n = 81)
建設業	8.1	9.6	11.1
製造業 ***	3.7	5.1	12.3
情報通信業 **	1.8	3.7	6.2
運輸業	2.2	2.9	0.0
卸売業	6.0	8.1	3.7
小売業	12.7	8.8	8.6
不動産業、物品賃貸業	4.3	6.6	1.2
学術研究、専門・技術サービス業	7.9	6.6	8.6
宿泊業、飲食サービス業	13.8	14.7	19.8
生活関連サービス業、娯楽業 ***	12.6	5.9	3.7
教育、学習支援業	3.1	3.7	3.7
医療、福祉	18.9	14.7	18.5
サービス業（他に分類されないもの）*	4.1	8.1	2.5
その他	0.8	1.5	0.0
合　計	100.0	100.0	100.0

（注）業種欄の *** は有意水準1％、** は同5％、* は同10％を意味する。

　有していることが事業選定の理由になったもの）、「事業機会主導」（事業機会の存在や発見が事業選定の理由になったもの）に分けると、ポートフォリオ起業家は「事業機会主導」の割合が55.3％にのぼり、未経験起業家（22.5％）、連続起業家（34.3％）を大きく上回る。

　図3-5は、既存の同業者と比較した事業内容の新規性の有無を見たものである。新規性が「大いにある」「多少ある」を合わせた割合は、いずれの類型でも過半を占める。新規開業企業は既存企業と比べ、総じて新規性のある事業を営んでいる。とりわけポートフォリオ起業家ではこの割合は82.3％にのぼり、未経験起業家（62.1％）、連続起業家（68.9％）を明らかに上回る。事業機会主導の割合が高いポートフォリオ起業家は、新規性のある事業機会を発見し対象企業を開業するに至ることが少なくないと思われる。

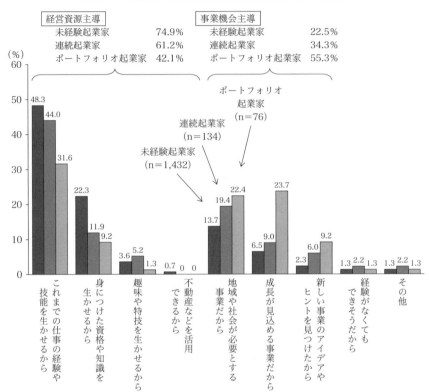

図3-4　現在の事業内容を選定した理由（択一回答）

	経営資源主導		事業機会主導	
未経験起業家	74.9%		未経験起業家	22.5%
連続起業家	61.2%		連続起業家	34.3%
ポートフォリオ起業家	42.1%		ポートフォリオ起業家	55.3%

ポートフォリオ起業家（n=76）
連続起業家（n=134）
未経験起業家（n=1,432）

これまでの仕事の経験や技能を生かせるから：48.3　44.0　31.6
身につけた資格や知識を生かせるから：22.3　11.9　9.2
趣味や特技を生かせるから：3.6　5.2　1.3
不動産などを活用できるから：0.7　0　0
地域や社会が必要とする事業だから：13.7　19.4　22.4
成長が見込める事業だから：6.5　9.0　23.7
新しい事業のアイデアやヒントを見つけたから：2.3　6.0　9.2
経験がなくてもできそうだから：1.3　2.2　1.3
その他：1.3　2.2　1.3

② 開業時の従業者数と開業費用

　開業時の従業者数が「5人以上」の割合は未経験起業家が20.6％であるのに対して、連続起業家は29.1％、ポートフォリオ起業家は27.2％と相対的に高い（図3-6）。また、従業者数の平均値は未経験起業家が3.3人であるのに対して、連続起業家は4.5人、ポートフォリオ起業家は4.0人である。連続起業家、ポートフォリオ起業家は開業時の従業者数が相対的に多いといえる。

　開業費用を見ると、「1,000万円以上」の割合は未経験起業家が33.1％、連続起業家が41.0％であるのに対して、ポートフォリオ起業家は46.2％と高い（図3-7）。ポートフォリオ起業家は開業費用が相対的に高額だといえる。

図 3-5　事業内容の新規性の有無

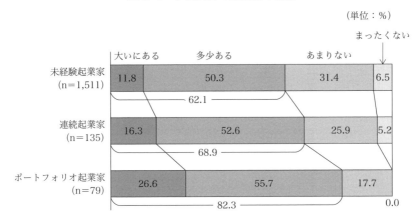

（単位：％）

（注）既存の同業者と比べて事業内容に新しい点があるかどうかを、回答者が自己評価したものである。

図 3-6　開業時の従業者数（対象企業）

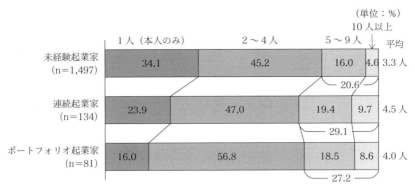

（単位：％）

　企業の属性についてまとめると、ポートフォリオ起業家は①事業機会主導で新規性のある事業内容を選定する傾向が強いこと、②人や資金といった経営資源をより多く利用して開業していることが特徴としてあげられる。このような特徴がなぜもたらされるのか。次にポートフォリオ起業家について詳細に見ていこう。

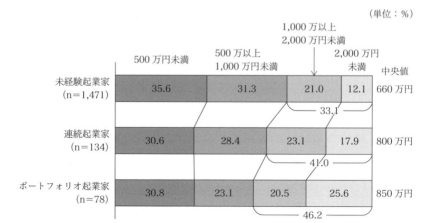

図3-7　開業費用（対象企業）

（単位：％）

	500万円未満	500万以上 1,000万円未満	1,000万以上 2,000万円未満	2,000万円 未満	中央値
未経験起業家 （n=1,471）	35.6	31.3	21.0	12.1	660万円
			33.1		
連続起業家 （n=134）	30.6	28.4	23.1	17.9	800万円
			41.0		
ポートフォリオ起業家 （n=78）	30.8	23.1	20.5	25.6	850万円
			46.2		

4　ポートフォリオ起業家の特徴

　ポートフォリオ起業家はどのような母体企業を経営しているのか、そして対象企業と母体企業とはどのような関係にあるのか。本節では母体企業との関わりを通じて、ポートフォリオ起業家の特徴を探る[5]。

（1）母体企業の属性等

　ポートフォリオ起業家が母体企業の経営者に就任した経緯を見ると、「自ら開業した」の割合が66.3％にのぼる（図3-8）。ポートフォリオ起業家の3分の2は対象企業を開業する前に、母体企業の開業も経験していることになる。

　対象企業を開業した時点の母体企業の業歴は平均17.3年である（図3-9）。その分布をみると、「9年以下」は38.5％、「10～14年」は23.1％であり、14年以下は合わせて61.5％と過半を占める。中小企業庁「中小企業実態基本調査」（2015年）によると、中小企業のうち法人企業に占める業歴9年以下の企業は11.1％、10～19年の企業は18.9％にすぎない。母体企業は

図 3-8　母体企業の経営者に就任した経緯（択一回答）

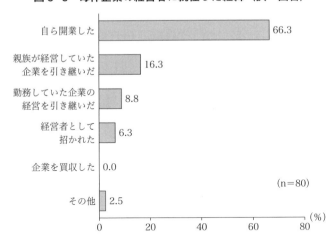

自ら開業した　66.3

親族が経営していた
企業を引き継いだ　16.3

勤務していた企業の
経営を引き継いだ　8.8

経営者として
招かれた　6.3

企業を買収した　0.0

その他　2.5

(n＝80)

(%)
0　　20　　40　　60　　80

(注) 1　「母体企業」とは、ポートフォリオ起業家が対象企業を開業する前
に経営者に就任し、現在も経営している企業を指す。なお、母体企
業が複数ある場合は、規模が最も大きい企業とした（以下同じ）。
2　図 3-15 までは、特に断らない限り、ポートフォリオ起業家につい
て集計した。

図 3-9　母体企業の業歴（対象企業の開業時点）

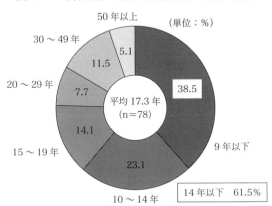

50 年以上　5.1

（単位：%）

30 ～ 49 年　11.5

20 ～ 29 年　7.7

15 ～ 19 年　14.1

平均 17.3 年
(n=78)

38.5

9 年以下

10 ～ 14 年　23.1

14 年以下　61.5%

総じて業歴の短い企業が多いといえる。業歴が短く成長期にある母体企業から
新たな企業が生まれやすいことがうかがえる。

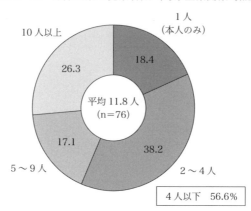

図3-10　母体企業の従業者数（対象企業開業時点）

1人
（本人のみ）
18.4

10人以上
26.3

平均11.8人
（n＝76）

17.1

5～9人

38.2

2～4人

4人以下　56.6%

　対象企業開業時点における母体企業の従業者数を見ると、「4人以下」の割合は56.6％を占め、平均値は11.8人である（図3-10）。対象企業は比較的小さな母体企業から生まれているといえるだろう。

（2）対象企業と母体企業との関係

① 事業面での関係

　次に対象企業と母体企業との関係を見ていく。

　なぜ母体企業は、自社の一部門ではなく、新たに対象企業を開業したのだろうか。母体企業とは別に、新たに対象企業を開業した目的として、「新規事業への進出」をあげる割合が61.3％にのぼり最も高い（図3-11）。次いで、「新商圏の獲得」（22.5％）、「グループ内での利益確保」（22.5％）、「リスクの分散」（20.0％）と続く。これらの選択肢を「経営の変革」「人材の採用・育成等」「資金等の有効活用」「その他」の四つにグルーピングすると、「経営の変革」は81.3％にのぼる。母体企業の大多数は、新規事業への進出をはじめとする「経営の変革」を目的に対象企業を新たに開業しているのである。

　次の事例は、新規事業への進出を目的とする典型例である。

図 3-11　母体企業とは別に、新たに対象企業を開業した目的（複数回答）

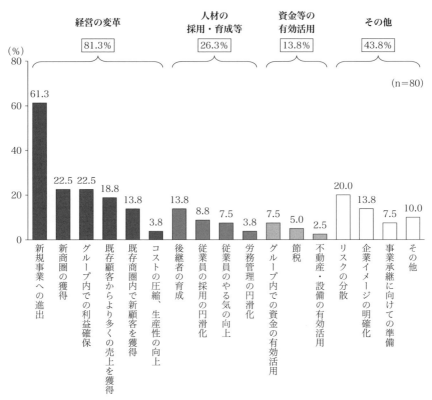

（注）枠囲みの数字は、それぞれの区分に属する項目を一つ以上選択した割合である（以下同じ）。

＜事例 1 ＞リフォーム工事に進出し、顧客の需要を幅広く取り込む不動産会社

経営者（A さん）：1961 年生まれ、男性
母体企業（B 社）：2009 年開業、不動産取引業、従業者 3 人
対象企業（C 社）：2015 年開業、建設業、従業者 1 人

　A さんは信託銀行系などの不動産会社で 24 年の勤務経験をもつ。マンションや建売住宅など、主として個人向けの物件を手がけた。最後に勤務した企業が業績不振に陥ったのを機に退職し、2009 年に B 社を開業した。

B社は主として地元マンションの売買を仲介し、自社の所有物件の販売も一部手がけている。折り込みチラシや電話などによって見込み顧客にアプローチする業態である。ときにはマンションを購入した顧客からリフォーム工事を依頼されることがあった。その場合、地元の工務店にそのまま工事を発注し、工務店は請け負った価格の7掛けで下請けの職人に流すという形態だった。

　このような形態でリフォームの仕事をある程度請けるうちに、B社には腕の良い職人とのつながりが生まれてきた。そこで、顧客のリフォーム需要を取り込もうと、2015年にリフォーム工事を手がけるC社を設立したのである。C社と職人との間に工務店が介在しないので、中間マージンを省ける。また、不動産会社は1週間のなかで繁閑の差があるので、空いた時間をリフォームの仕事に充てられることも好都合だった。

　新たにC社を設立したのは、「○○不動産」という社名のB社がリフォーム工事を請け負った場合、本業である不動産業の片手間に工事をするのではないか、工務店に丸投げし工費が割高になるのではないか、という疑問を顧客に抱かせるおそれがあったからだ。「○○ガーデン」というリフォーム会社らしい社名のC社であれば、そうした誤解を受けずにすむ。

　最近では、自社販売マンションや仲介マンションだけではなく、B社から土地を購入した顧客から注文住宅の建設を請け負うこともあるという。仕事が重なりAさん一人だけで対応しづらい場合は、B社の従業員に見込み顧客への物件紹介や職人の管理などを任せている。

　C社を設立したことで、従来は工務店に流出させていたリフォーム需要をグループ内に取り込むことができ、両社の業績は順調に伸びている。

　このほかにも、眼鏡商社が、同業者と組んで開発したスポーツサングラスを製造する企業を開業した事例、料亭の経営者が、同じ市内で持ち帰り総菜店を開業した事例など、新規事業への進出等によって母体企業の経営を変革するために新たに開業した事例が見受けられた。

　先に見たように、ポートフォリオ起業家は事業機会主導で事業内容を選定し

た割合が高いが、それはすでに保有している経営資源を活用することよりも、むしろ経営の変革を目的とする事業を始めるために対象企業を開業したからである。

　対象企業が手がける事業と母体企業の事業との関係を見ると、「母体企業と同じ事業」（15.6％）、「母体企業の一部の事業」（13.0％）をあげる割合は低く、「母体企業の事業と関連のある事業」（36.4％）、「母体企業の事業と関連のない事業」（35.1％）をあげる割合はほぼ同水準の高さである。新規事業へ進出する際は、母体企業と同じ事業を手がけることは多くない。その結果、ポートフォリオ起業家は斯業経験のない割合が他の類型と比べて高くなっているのである（前掲図3-3）。

②　経営資源、取引面での関係

　対象企業と母体企業との関係は経営資源や取引にも及ぶ。

　図3-12は、対象企業が開業時に母体企業から引き継いだ経営資源等を見たものである。比較対象として、未経験起業家が勤務していた企業等から引き継いだ経営資源等についても示している。ポートフォリオ起業家は「従業員」を引き継いだ割合が20.5％と最も高く、「仕入先・外注先」（17.9％）、「資金」（16.7％）と続く。未経験起業家と比べると、「従業員」「資金」を引き継ぐ割合が相対的に高い。このため、ポートフォリオ起業家は対象企業の開業費用や従業者数が未経験起業家と比べて多くなっているのである（前掲図3-6、図3-7）。

　母体企業の経営資源だけではなく、起業家が母体企業の経営経験を通じて獲得した経営能力や人的ネットワークなども、対象企業に引き継がれるだろう。したがって、母体企業での経営経験は対象企業を開業する際に有用であるはずだ。実際に、母体企業での経営経験が対象企業の開業時に役立ったかどうかを尋ねたところ、「大いに役に立った」と回答した割合は59.8％にのぼる。「ある程度役に立った」も36.4％を占め、「あまり役に立たなかった」「まったく役に立たなかった」はそれぞれ2.6％、1.3％にすぎない。ポートフォリオ起

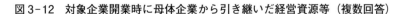

図3-12　対象企業開業時に母体企業から引き継いだ経営資源等（複数回答）

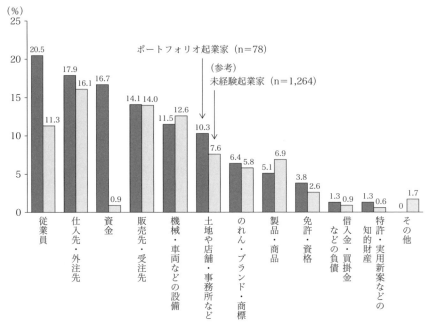

ポートフォリオ起業家（n=78）

（参考）
未経験起業家（n=1,264）

(注) 未経験起業家については、開業直前に勤務していた企業等からそれぞれの経営資源を引き継いだ
　　 割合を示している。

業家のほとんどが母体企業での経営経験を積極的に評価している。

　さらに、母体企業が対象企業の取引先となることもある。そこで母体企業と
の取引状況を見ると、開業時点で「母体企業は販売先・受注先」であるとする
割合は15.7％、「母体企業は仕入先・外注先」であるとする割合は11.4％で
ある（図3-13）。両者を合わせた、母体企業と取引関係があるとする割合
は、開業時点で25.7％、現時点で30.4％である[6]。

　このように、対象企業は母体企業から経営資源を引き継いだり、母体企業で
蓄積した経営能力などを利用したり、母体企業と取引関係を構築したりするこ
とができる。すなわち、対象企業は母体企業から企業間支援を受けやすいとい
うことだ。ポートフォリオ起業家のメリットはこの点にある。

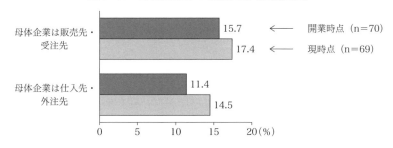

図3-13　母体企業との取引状況（複数回答）

母体企業は販売先・受注先
15.7　←　開業時点（n=70）
17.4　←　現時点（n=69）

母体企業は仕入先・外注先
11.4
14.5

0　　5　　10　　15　　20（%）

図3-14　対象企業の経営に携わる仕事時間の割合

（単位：%）

75%以上
35.9

25%未満
29.5

（n=78）

50%以上
75%未満
19.2

15.4

25%以上
50%未満

③　分散する経営能力

　一方で、ポートフォリオ起業家にはデメリットもある。ポートフォリオ起業家は複数の企業を経営していることから、対象企業の経営に専念しづらく、経営能力が複数の企業に分散しがちであるということだ。

　1週間の仕事時間のうち、対象企業の経営に携わる割合を見ると、「25%未満」と回答した割合は29.5%、「25%以上50%未満」は15.4%を占める（図3-14）。ポートフォリオ起業家は対象企業の経営に専念しにくい様子がうかがえる。

　このようなデメリットを克服するには、経営の補佐役が必要になる。そこで補佐役の有無を見ると、ポートフォリオ起業家の49.4%が「いる」と回答し

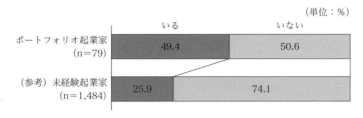

図 3-15　経営の補佐役の有無

(単位：%)

	いる	いない
ポートフォリオ起業家 (n=79)	49.4	50.6
(参考) 未経験起業家 (n=1,484)	25.9	74.1

ている（図3-15）。未経験起業家ではこの割合は25.9％であり、ポートフォリオ起業家は対象企業の経営に専念しにくい分、補佐役によって補完しているケースが相対的に多いといえる。

5　連続起業家の特徴

　次に、連続起業家の特徴について見ていく。

　図3-16は、連続起業家が対象企業を開業するまでの平均的な経緯を図示したものである[*7]。前任企業の開業からその経営者に就任するまでの年数は平均4.4年、前任企業の経営年数は同8.5年、前任企業の経営者を退任してから対象企業を再開業するまでの年数は同5.5年である。このうち、再開業までの年数について分布をみると、「1年未満」の割合は26.0％にすぎず、連続起業家の多くは再開業までに1年以上のブランクがある（図3-17）。

　連続起業家と一口にいっても必ずしも同質的ではない。このため、以下では連続起業家を一律に分析するのではなく、再開業までの期間別に分析を進めていきたい。前任企業の経営者を退任後、短期間で再開業した連続起業家と、再開業に長期を要した連続起業家には明らかな差異が見られるからだ。

（1）前任企業の経営者に就任した理由と退任した理由

　連続起業家が前任企業の経営者に就任した経緯を見ると、連続起業家全体では「自ら開業した」と回答した割合は56.4％を占め最も高く、「親族が経営し

図 3-16　連続起業家が対象企業を開業するまでの経緯と平均期間

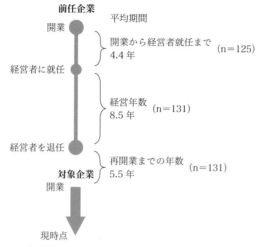

（注）1 「前任企業」とは、連続起業家が対象企業を開業する前に経営し、すでに経営者を退任した企業を指す。なお、前任企業が複数ある場合には、最後に退任した企業とした（以下同じ）。
　　　2 図 3-22 までは、特に断らない限り、連続起業家について集計した。

図 3-17　再開業までの年数

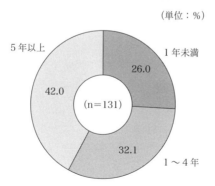

（単位：％）

ていた会社を引き継いだ」（12.8％）、「勤務していた企業の経営を引き継いだ」（12.8％）、「経営者として招かれた」（11.3％）と続く（図3-18）。ポートフォリオ起業家と比較すると、連続起業家は「勤務していた企業の経営を引き継いだ」「経営者として招かれた」の割合が相対的に高い（前掲図3-8）。

これを再開業までの年数別に分けると、再開業までの年数が「5年以上」の連続起業家は「自ら開業した」の割合が67.3％と高く、「勤務していた企業の経営を引き継いだ」（5.5％）は低い。一方、「1年未満」は「自ら開業した」の割合が41.2％と相対的に低く、「勤務していた企業の経営を引き継いだ」（23.5％）および「経営者として招かれた」（17.6％）の割合が相対的に高い。

次に、前任企業を退任した理由を見ると、連続起業家全体では「経営方針等の不一致」が26.8％を占め最も多く、「先行き不安の高まり」（25.2％）、「新たに事業を始めるため」（24.4％）と続く（図3-19）。これらの退任理由を

図3-18　前任企業の経営者に就任した経緯（択一回答、再開業までの年数別）

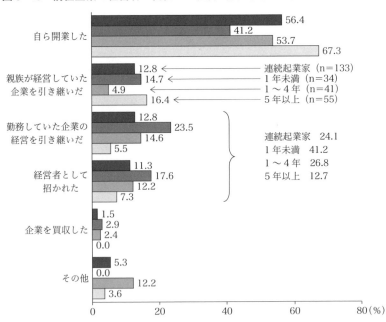

「経営難」「経営意欲・能力の問題」「経営上の事情」「個人的事情」の四つに分類したうえで、再開業までの年数別にみると、「5 年以上」は「経営難」「経営意欲・能力の問題」の割合が相対的に高く、「1 年未満」は「経営上の事情」の割合が相対的に高く、「経営難」の割合が低い。

　さらに、前任企業の現況を再開業までの年数別にみると、「1 年未満」は「事業を継続」している割合が70.6％と高い（図 3-20）。この割合は「1〜4 年」で42.9％、「5 年以上」で27.3％と、再開業までの年数が長くなるほど低下する。その代わりに「退任時に廃業」の割合が高まり、「5 年以上」では

図 3-19　前任企業の経営者を退任した理由（複数回答）

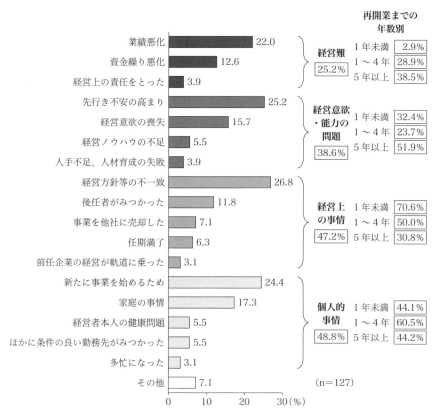

図 3-20 前任企業の現況（再開業までの年数別）

(単位：%)

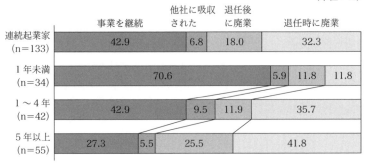

41.8％にのぼる。

　以上の結果から次の点が指摘できる。①経営難や経営意欲・能力の問題によって前任企業の経営者を退任し、同時に廃業した連続起業家は再開業までに長期を要する。②経営を引き継いだり経営者として招かれたりしたものの、経営方針等の不一致など経営上の事情によって経営者を退任した連続起業家は、あまり時間をかけずに再開業に至っている。

　このように、連続起業家と一口にいっても同質的ではない。それぞれに典型的な事例を示す。

＜事例2＞連鎖倒産から11年を経て、同じ事業で開業

> 経営者（Dさん）：1967年生まれ、男性
> 前任企業（E社）：1994年開業、不動産取引業、従業者4人、
> 　　　　　　　　　2002年廃業（破産）
> 対象企業（F社）：2013年開業、不動産取引業、従業者1人

　Dさんは関西の中堅デベロッパー勤務を経て独立し、1994年にE社を設立した。そして、勤務時の先輩が設立していた不動産会社と組んで、分譲住宅の販売を手がけた。先輩の会社がまとめて購入した土地の一部を仕入れ、そこに

戸建て住宅を建設して販売するという事業形態である。

　E 社を開業した翌年に、阪神・淡路大震災が起きたことから、建売住宅が飛ぶように売れた。ピーク時には年間 5 億円程度の売り上げを計上した。しかし、やがて先輩の会社が手形を乱発して倒産し、E 社もその一部を裏書きしていたことから、約 4 億円の負債を抱えて 2002 年に連鎖倒産した。E 社およびD さんはそれぞれ自己破産せざるをえなかった。

　その後 D さんは知り合いの不動産会社で戸建て住宅の営業マンとして約 10 年間勤務した。ただ、給料の大半が歩合給であるため収入が安定しなかった。それならば、自ら事業を経営しても変わりはないと考え、再開業を決意した。この間に蓄えた 500 万円の自己資金で 2013 年に F 社を設立した。

　F 社は、E 社と同じ不動産取引業である。とはいえ、大きな資金を必要とするデベロッパーではなく手数料を主な収入源とする仲介業である。また個人を顧客とするのではなく、E 社を経営していたころに業界で築いた人的ネットワークを活用し、同業者や企業間の取引を仲介する業態である。破産後に簿記を独学で学び、資金の出入りを慎重に検討するなど、かつての失敗の経験が F 社の経営に生きているという。

＜事例 3 ＞創業者一族と対立して経営者を退任、その直後に再開業

```
経営者（G さん）：1963 年生まれ、男性
前任企業（H 社）：1987 年開業、管工事業
　　　　　　　　　2008 年経営者に就任
　　　　　　　　　2015 年経営者を退任（当時の従業者約 70 人）
対象企業（I 社）：2015 年開業、管工事業・板金加工業、
　　　　　　　　　従業者 12 人
```

　G さんは、ダクトの製造・取り付けを手がける H 社に鋼材などを卸している商社に勤務していた。やがて H 社の創業者に営業手腕を評価されて声をかけられ、1990 年に H 社に営業マンとして入社した。当時は、スパイラルダク

ト（軽量で強度と弾性に優れたダクト）を扱う業者が少なかったこともあり、Gさんは食品工場などの受注先を次々に開拓するなど成果をあげた。そのおかげもあって、H社は3工場を稼働するまでに成長した。

ワンマン社長だったH社の創業者は、息子を自社に入社させたものの経営を継がせるつもりはなく、Gさんを次期社長に指名した。Gさんは固辞したが、何度か説得された結果、2008年に経営者に就任した。創業者が会長であった当初は問題なかったが、2011年に創業者が急逝すると創業者一族が経営に対して何かと口を出すようになった。

Gさんは H 社の株式を20％しか保有しておらず、残る80％を保有する創業者一族の意向を無視することはできない。そのためGさんは経営にやりづらさを感じるようになった。やがて、創業者の息子とのいざこざをきっかけに経営者を退任し、自らが開拓した受注先をH社から引き継いで独立することにした。

受注先を引き継ぐには、すぐに開業し取引の空白期間を短くしなければならない。このため大急ぎで準備を進めた。県庁所在都市から車で1時間程度のところに、手頃な家賃の工場を借りることができた。また、H社の部下3人がGさんと行動をともにしてくれた。不足する設備は同業者のものを使わせてもらった。こうして、退職後わずか2カ月でI社を開業することができた。

苦労したのは、ステンレス鋼板などの仕入先を確保することであった。H社の仕入先は、H社に対して忖度してI社との取引に応じなかったからである。新たに仕入先を開拓するといっても、開業したばかりのI社には信用が乏しく、なかなか取引に応じてもらえなかった。やむなく開業当初は、ある会社を間に挟んで仕入れる形をとらざるをえなかった。その後、H社を経営していたときに県中小企業家同友会でつきあいのあった人に鋼板問屋を紹介してもらい、I社の試算表を毎月提出するという条件で取引に応じてもらうことができた。それを機に、I社の経営は軌道に乗るようになった。

（2）対象企業と前任企業との関係

対象企業と前任企業との間にはどのような関係があるのだろうか。

対象企業が手がける事業と前任企業の事業との関係を再開業までの年数別に見ると、「前任企業と同じ事業」をあげる割合は「1年未満」が45.5％と最も高く、再開業までの年数が長くなるほどこの割合は低下する（図3-21）。「前任企業の一部の事業」「前任企業の事業と関連のある事業」もおおむね同様である。一方、「前任企業の事業と関連のない事業」をあげる割合は再開業までの年数が長くなるほど高まり、「5年以上」では74.5％にのぼる。

表3-3は、対象企業が前任企業から引き継いだ経営資源等を見たものである。未経験起業家が勤務していた企業等から引き継いだ経営資源等の割合と比較すると、ほとんどの項目で連続起業家のほうが低い。ただし、これを再開業までの年数別に見ると、再開業までの期間が短いほど「販売先・受注先」「仕入先・外注先」「従業員」を引き継いでいる割合は相対的に高くなる。「販売先・受注先」をあげる割合は「1年未満」が29.4％、「1〜4年」が4.8％、「5年以上」が0.0％、「仕入先・外注先」をあげる割合は「1年未満」が23.5％、「1〜4年」が7.1％、「5年以上」が3.7％、「従業員」をあげる割合

図3-21　対象企業の事業と前任企業との関係（再開業までの年数別）

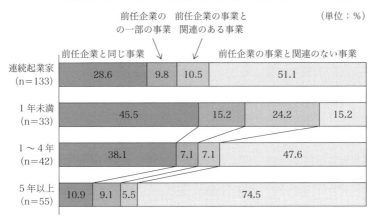

表3-3　前任企業から引き継いだもの（複数回答）

（単位：％）

| | 連続起業家 | | | | (参考)未経験起業家 |
| | | 再開業までの年数別 | | | |
	(n = 133)	1年未満 (n = 34)	1〜4年 (n = 42)	5年以上 (n = 54)	(n = 1,264)
仕入先・外注先	10.5	23.5	7.1	3.7	16.1
従業員	10.5	23.5	11.9	1.9	11.3
販売先・受注先	9.0	29.4	4.8	0.0	14.0
機械・車両などの設備	5.3	8.8	7.1	1.9	12.6
製品・商品	3.8	2.9	7.1	1.9	6.9
のれん・ブランド・商標	3.8	5.9	7.1	0.0	5.8
免許・資格	3.8	2.9	7.1	1.9	2.6
土地や店舗・事務所など	1.5	2.9	0.0	1.9	7.6
借入金・買掛金などの負債	0.8	2.9	0.0	0.0	0.9
資金	0.8	0.0	2.4	0.0	0.9
特許・実用新案などの知的財産	0.0	0.0	0.0	0.0	0.6
その他	0.8	0.0	2.4	0.0	1.7
引き継いだものはない	75.9	55.9	76.2	88.9	69.9
合計	100.0	100.0	100.0	100.0	100.0

(注) 図3-12の注と同じ。

は「1年未満」が23.5％、「1〜4年」が11.9％、「5年以上」が1.9％である。それ以外の経営資源等も含め、何らかの経営資源等を引き継いだ企業の割合は「1年未満」では44.1％であり、「1〜4年」（23.8％）、「5年以上」（11.1％）よりも明らかに高い。

　再開業までの期間が短い場合は、前任企業と同じ事業ないしは何らかの関連のある事業を再開業することが多く、前任企業の経営資源を引き継ぎやすい。再開業までの期間が長くなるにつれて、事業内容は関連性が乏しくなり、前任企業から経営資源を引き継ぐことも少なくなるのである。

　ポートフォリオ起業家は、そのほとんどが母体企業での経営経験が対象企業を開業するにあたって役に立ったと評価していた（103ページ）。では連続起業家はどうか。連続起業家全体では、「大いに役に立った」と回答した割合は

図3-22　前任企業での経営経験は対象企業開業時に役立ったか（再開業までの年数別）

(単位：%)

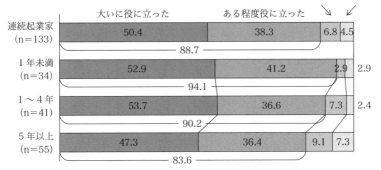

50.4％、「ある程度役に立った」も38.3％を占め、両者を合わせると88.7％にのぼる（図3-22）。ポートフォリオ起業家よりはやや低いものの、連続起業家の多くが経営経験を積極的に評価している。これを再開業までの年数別に見ると「大いに役に立った」「ある程度役に立った」を合わせた割合は「1年未満」では94.1％にのぼり、再開業までの年数が長くなるほどこの割合は低下する。しかしながら、「5年以上」においてもこの割合は83.6％を占め、水準自体は高いといえるだろう。事例2でも見られるように、失敗に学ぶことが現在の経営に役立っているという側面があるからだろう。

6 対象企業の業績

（1）クロス集計による分析

　先行研究で大きなテーマの一つとなっている、経営経験者の業績について見ていこう。ここでは、対象企業の業績を示す指標として、予想月商達成率[8]と現在の業況の二つを用いる。

　まず予想月商達成率について見てみよう。予想月商達成率は、開業前に予想

した月商に対する調査時点の月商の割合を示す。100％以上であれば、開業前の予想月商を達成したことを意味する。予想月商達成率が「100％以上」の割合は、未経験起業家（46.8％）、連続起業家（47.7％）、ポートフォリオ起業家（45.9％）の間に大きな差は見られない（図3-23①）。ただし、ポートフォリオ起業家は「50％未満」の割合が24.3％と他の類型よりも高い。

　連続起業家は先に述べたとおり、一律に分析することはできない。そこで、再開業までの年数別に見ると、「100％以上」の割合は「1年未満」が58.1％と、「1～4年」（46.2％）、「5年以上」（46.3％）を上回る（同②）。

　また、ポートフォリオ起業家については、対象企業の経営に専念できないというデメリットを克服できるかどうかによって、業績は異なるのではないか。そこで、補佐役の有無別に見ると、「100％以上」の割合は「補佐役あり」が61.5％と「補佐役なし」（30.3％）を大きく上回る（同③）。

　次に現在の業況はどうか。経営経験の類型別に見ると、未経験起業家では業況が「良い」「やや良い」と回答した割合の合計は48.9％であるのに対して、連続起業家では51.1％、ポートフォリオ起業家では53.2％である（図3-24①）。連続企業家、ポートフォリオ起業家が高いものの、有意な差があるとはいえない。

　連続起業家を再開業までの年数別に業況をみると、「良い」「やや良い」と回答した割合の合計は「1年未満」で61.8％、「5年以上」で52.7％と、未経験起業家と比べてやや高い（同②）。また、ポートフォリオ起業家を補佐役の有無別にみると、「良い」「やや良い」の割合の合計は「補佐役なし」で43.6％であるのに対して、「補佐役あり」では60.5％と高い（同③）。未経験起業家と比べても、「補佐役あり」は「良い」の割合が明らかに高く、業績は良好であるといえる。

　経営経験の類型と業績とのクロス集計を見るかぎり、再開業までの年数別に見た連続起業家の業績には特定の傾向が見いだせない一方、経営の補佐役が存在するポートフォリオ起業家は未経験起業家よりも良好だといえそうである。ただし、クロス集計ではその他の要因の影響を排除することができない。例え

図3-23　予想月商達成率

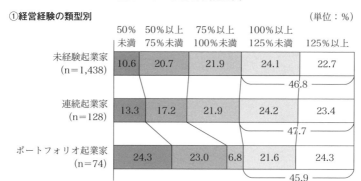

①経営経験の類型別 （単位：％）

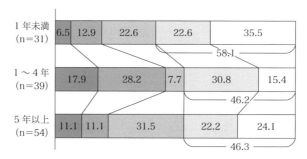

②連続起業家（再開業までの年数別）

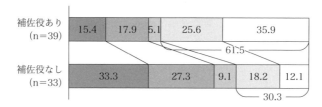

③ポートフォリオ起業家（補佐役の有無別）

ば、図示はしていないが、開業時の従業者規模が大きいほど、業績は良好であるという傾向が見られる[9]。一方で、先に見たとおり、連続起業家、ポートフォリオ起業家は開業時の従業者数が多い企業の割合が高い（前掲図3-6）。上で見たクロス集計結果には、このような従業者規模の影響も含まれている。

図3-24 現在の業況

①経営経験の類型別

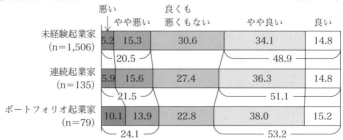

（単位：％）

	悪い	やや悪い	良くも悪くもない	やや良い	良い
未経験起業家 (n=1,506)	5.2	15.3	30.6	34.1	14.8
連続起業家 (n=135)	5.9	15.6	27.4	36.3	14.8
ポートフォリオ起業家 (n=79)	10.1	13.9	22.8	38.0	15.2

（未経験起業家：20.5 / 48.9、連続起業家：21.5 / 51.1、ポートフォリオ起業家：24.1 / 53.2）

②連続起業家（再開業までの年数別）

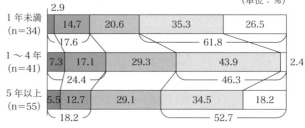

（単位：％）

1年未満 (n=34)	2.9	14.7	20.6	35.3	26.5
1〜4年 (n=41)	7.3	17.1	29.3	43.9	2.4
5年以上 (n=55)	5.5	12.7	29.1	34.5	18.2

（1年未満：17.6 / 61.8、1〜4年：24.4 / 46.3、5年以上：18.2 / 52.7）

③ポートフォリオ起業家（補佐役の有無別）

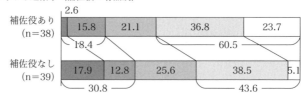

補佐役あり (n=38)	2.6	15.8	21.1	36.8	23.7
補佐役なし (n=39)	17.9	12.8	25.6	38.5	5.1

（補佐役あり：18.4 / 60.5、補佐役なし：30.8 / 43.6）

したがって、従業者規模をはじめ、さまざまな要因をコントロールしたうえで、業績を比較しなければならない。

　そこで、計量モデルをもとに経営経験と業績との関係を確認することにしたい。

(2) 計量モデルによる分析

　計量モデルにおける被説明変数には、クロス集計と同様、業績を示す二つの指標を用いる。なお、同業他社と比べた現在の業況については「悪い」「やや悪い」を 1、「良くも悪くもない」を 2、「良い」「やや良い」を 3 とするカテゴリー変数を作成した。したがって、説明変数の係数の符号がプラスであれば業績との間に正の相関があるといえる。

　説明変数は大きく三つに分かれる。一つは対象企業の属性である。業種（14 分類）、開業時の従業者数、フランチャイズチェーン（FC）への加盟状況、同業他社と比べた事業の新規性の有無を用いる。

　二つ目は起業家の属性である。性別、対象企業を開業した時の年齢、最終学歴、斯業経験年数、管理職経験年数、経営経験の類型を用いる。このうち経営経験の類型については、参照変数である未経験起業家を基準として、①連続起業家、ポートフォリオ起業家について業績との関係をみる推計と、②再開業までの年数別の連続起業家（3 区分）、補佐役の有無別のポートフォリオ起業家（2 区分）について業績との関係を見る推計を行う。

　三つ目はその他の変数である。開業後の経過月数、開業の準備に要した月数を用いる。

　推計結果は表 3-4 のとおりである。

　予想月商達成率を被説明変数とし、経営経験の類型を未経験起業家、連続起業家、ポートフォリオ起業家の 3 区分で推計した結果を見てみよう（推計①）。従業者数の係数は有意な正の値であり、従業者数が多いほど予想月商達成率が高いという関係が見られる。同様に、同業他社と比べて事業に新規性があるほうが、予想月商達成率は高くなりやすい。一方、FC 加盟状況と対象企業を開業した時の年齢は有意な負の相関関係が見られる。FC に非加盟のほうが、そして開業時の年齢が若いほど、予想月商達成率は高い。また斯業経験年数が長いほど予想月商達成率は高くなりやすい。本章で注目している経営経験の類型については、有意な値ではない。

　次に、連続起業家を再開業までの年数別に、ポートフォリオ起業家を補佐役

の有無別に分けた推計②を見ると、連続起業家はいずれも有意ではないが、ポートフォリオ起業家のうち「補佐役あり」は有意な正の係数、「補佐役なし」は有意な負の係数である。すなわち、補佐役をもつポートフォリオ起業家は未

表3-4　業績の決定要因

推計方法		推計①②：最小二乗法 推計③④：順序プロビット分析	推計①	
			係数	標準誤差
被説明変数			予想月商達成率（%）	
説明変数	対象企業の属性	業種（14業種）	（記載省略）	
		開業時の従業者数（人）	0.949	0.338 ***
		フランチャイズチェーンへの加盟状況（加盟＝1、非加盟＝0）	−7.588	4.520 *
		事業の新規性の有無（あり＝1、なし＝0）	5.590	2.586 **
	起業家の属性	性別（女性＝1、男性＝0）	−2.436	3.401
		対象企業を開業した時の年齢（歳）	−0.758	0.171 ***
		最終学歴（該当＝1、非該当＝0）／中学・高校卒業	（参照変数）	
		高専・専修・各種学校卒業	−1.635	1.830
		短大・大学・大学院卒業	−5.160	3.146
		斯業経験年数（年）	0.259	0.145 *
		管理職経験年数（年）	−0.260	0.200
		経営経験の類型／未経験起業家（該当＝1、非該当＝0）	（参照変数）	
		連続起業家（同上）	6.980	5.854
		再開業までの年数0年（同上）		
		同1〜4年（同上）		
		同5年以上（同上）		
		ポートフォリオ起業家（同上）	−9.120	6.824
		補佐役なし（同上）		
		補佐役あり（同上）		
	その他の変数	開業後の経過月数（月、対数）	8.829	3.495 **
		開業の準備に要した月数（月、対数）	−2.911	1.520 *
観測数			1,518	
（疑似）決定係数			0.073	

(注)　1　標準誤差欄の *** は有意水準が1%、** は5%、* は10%であることを示す。

　　　2　予想月商達成率は平均±（3×標準偏差）の範囲内で推計した。

　　　3　推計①のVIFの最大値は3.03（医療、福祉ダミー）、推計②は3.03（同）、推計③は3.04（同）、推計④は3.04（同）であり、説明変数間の多重共線性は検出されなかった。

経験起業家を基準として、高い予想月商達成率をあげやすく、補佐役のいないポートフォリオ起業家は低い予想月商達成率になりやすいということである。

　同業他社と比べた業況を被説明変数とした推計③、推計④についても、おおむね同様の結果が得られている。

推計②		推計③		推計④	
係数	標準誤差	係数	標準誤差	係数	標準誤差
予想月商達成率（%）		現在の業況 （「悪い」「やや悪い」＝ 1、「良くも悪くもない」＝ 2、「良い」「やや良い」＝ 3）			
（記載省略）		（記載省略）		（記載省略）	
0.845	0.323 ***	0.011	0.006 *	0.010	0.006
−5.835	4.517	−0.086	0.124	−0.067	0.124
5.284	2.581 **	0.396	0.061 ***	0.394	0.061 ***
−2.710	3.389	0.084	0.084	0.076	0.084
−0.802	0.172 ***	−0.016	0.004 ***	−0.016	0.004 ***
（参照変数）		（参照変数）		（参照変数）	
−1.612	1.826	−0.008	0.044	−0.011	0.044
−5.296	3.135	0.070	0.075	0.061	0.075
0.274	0.147 *	0.008	0.004 **	0.008	0.004 **
−0.206	0.197	−0.004	0.005	−0.003	0.005
（参照変数）		（参照変数）		（参照変数）	
		0.121	0.115		
17.718	11.276			0.311	0.230
−7.113	9.704			−0.045	0.209
13.724	8.960			0.216	0.167
		0.153	0.161		
−34.778	8.268 ***			−0.181	0.236
14.259	8.628 *			0.417	0.215 *
9.198	3.507 ***	0.099	0.079	0.105	0.079
−2.831	1.501 *	−0.028	0.037	−0.019	0.037
1,512		1,582		1,575	
0.086		0.040		0.042	

計量モデルの結果を踏まえ、次の２点が指摘できる。一つはポートフォリオ起業家についてである。ポートフォリオ起業家は、対象企業を開業する際に母体企業から経営資源等を引き継いだり、母体企業と取引したりすることを通じて内部支援を受けることが多い。また、母体企業における経営経験をもとに獲得した能力を対象企業の経営に生かすこともできる。これらのメリットがある一方、ポートフォリオ起業家は複数の企業の経営に携わることから、対象企業の経営に専念しにくいというデメリットもある。経営の補佐役が存在することによってこのデメリットを克服できれば、ポートフォリオ起業家は未経験起業家よりも良好な業績をあげられる。

　もう一つは連続起業家についてである。再開業までの期間が短ければ、前任企業から経営資源等を引き継ぎやすい。また前任企業の事業と同じ事業や関連のある事業を営む割合が高いことから、経営経験を通じて得た知識や人的ネットワークなども生かしやすい。逆に、再開業までの期間が長い場合は前任企業から経営資源等を引き継ぐことは稀である。このため、再開業までの期間が短ければ良好な業績を示し、再開業までの期間が長くなるほどに業績は悪化することが予想される。しかし、実際には再開業までの期間の長短によって、未経験起業家の業績との間に有意な差を検出できなかった。推計結果から示すことはできないものの、前任企業の経営に失敗し、再開業までに長期を要した連続起業家は、その失敗の経験に学んでいるからではないかと思われる。

7　未経験起業家の今後の意向

　最後に、未経験起業家が今後新たに企業を開業する意向があるかどうかを見ておきたい。未経験起業家は、対象企業の経営者を退任して新たに開業すれば連続起業家に、退任せずに新たに開業すればポートフォリオ起業家に移行する。このような移行はどの程度生じる可能性があるのだろうか。

　まず、未経験起業家に対して今後新たに企業を開業する意向があるかどうかを尋ねたところ、「意向あり（具体的な計画がある）」と回答した割合は

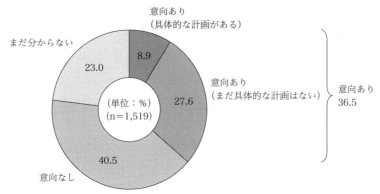

図3-25　新たに企業を開業する意向の有無

(注) 未経験起業家について集計した。

8.9％、「意向あり（まだ具体的な計画はない）」は27.6％である（図3-25）。両者を合わせると36.5％が開業意向をもっている。

　さらに、開業意向をもつ人に対して、新たな企業を開業後、対象企業の経営者を継続するかどうかを尋ねたところ、「継続する」と回答した割合は87.4％にのぼる。開業の意向をもつ経営者のほとんどがポートフォリオ起業家を志向しているのである。いわば「ポートフォリオ起業家予備軍」である。

　先に見たように、多くのポートフォリオ起業家は母体企業の経営を変革するために新たに対象企業を開業している。ポートフォリオ起業家はたんに開業率を向上させる点だけではなく、既存企業の活力向上にもつながる点からも社会的に意義があるといえる。したがって、ポートフォリオ起業家予備軍に対して開業支援を行うことは十分に理由があるだろう。

　また、対象企業の開業に際しては母体企業から企業間の支援を受けたり、経営能力や人的ネットワークを母体企業での経験を通じて獲得したりできるといったメリットも存在する。その一方で、対象企業の経営に専念できないというデメリットが存在することから、経営の補佐役となる人材が重要となる。ポートフォリオ起業家予備軍はこれらの点を留意する必要があるだろう。

8 まとめ

本章の分析結果をまとめると、次の 5 点が指摘できる。

① 起業家のうち、未経験起業家は 87.6％と多数を占めるものの、連続起業家は 7.8％、ポートフォリオ起業家は 4.6％を占め、経営経験者は合わせて 12.4％と無視できない割合で存在する。

② ポートフォリオ起業家の大半は、新規事業への進出や新商圏の獲得など、母体企業の経営の変革を目的として、母体企業とは別に新たに対象企業を開業している。このため、対象企業の事業は母体企業の事業と関連のない事業であることも多く、斯業経験のない割合も相対的に高い。

③ ポートフォリオ起業家は、対象企業の開業にあたって母体企業から経営資源等の引き継ぎや母体企業との取引などを通じた内部支援を受けている。また、母体企業における経営経験をもとに獲得した能力を対象企業の経営に生かすこともできる。これらのメリットがある一方で、ポートフォリオ起業家は複数の企業の経営に携わることから、対象企業の経営に専念しにくいというデメリットもある。このデメリットを経営の補佐役が存在することによって克服できれば、ポートフォリオ起業家は未経験起業家よりも良好な業績をあげられる。

④ 連続起業家は一律に論じることはできない。前任企業の経営に失敗した連続起業家は、再開業までに長期を要する。再開業にあたっては、前任企業の事業と関連のない事業を手がけることが多く、前任企業から経営資源等を引き継ぐケースも少ない。一方、経営を引き継いだり経営者として招かれたりしたものの、経営方針等の不一致など経営上の事情によって経営者を退任した連続起業家は、短期間で再開業に至っている。再開業にあたっては、前任企業の事業と同じ事業や関連のある事業を手がけることが多く、前任企業から経営資源等を引き継ぐケースも相対的に多い。以上のように異なる形態の連続起業家が存在するものの、その業績については、再開業までの年数にか

かわらず、未経験起業家と比べて大きな差は見られない。

⑤　未経験起業家の約 4 割が、今後新たに企業を開業する意向をもち、その
　ほとんどがポートフォリオ起業家を志向している。このような意向を政策的
　に支援することは社会的にも意義がある。

　　二次分析にあたり、東京大学社会科学研究所附属社会調査・データアー
カイブ研究センターSSJ データアーカイブから「新規開業実態調査，
2016」（日本政策金融公庫総合研究所）の個票データの提供を受けまし
た。

* 1　先行研究では経営経験者の分類として、serial entrepreneur、portfolio entrepreneur という用語が用いられている。これらの訳語としてそれぞれ「連続起業家」「ポートフォリオ起業家」が定着していることから、本章では「起業家」という用語で統一する。

* 2　先行研究では業績だけではなく、存続・廃業を取り上げているものもあることから、「業績」ではなく「パフォーマンス」という言葉を用いる。

* 3　対象企業を開業するまでに複数の企業を経営している場合は、すべての企業の経営年数を通算している。

* 4　有意水準は12.4％である（カイ二乗検定）。

* 5　母体企業が複数ある場合は、そのうち規模が最も大きい企業を分析した（以下同じ）。

* 6　母体企業が「販売先・受注先」であるとともに、「仕入先・外注先」でもある対象企業が存在する。

* 7　前任企業が複数ある場合には、最後に退任した企業を分析した（以下同じ）。

* 8　第1章の注5を参照。

* 9　予想月商達成率が「100％以上」の企業の割合は、従業者1人の企業では39.9％、2～4人の企業では48.9％、5人以上の企業では51.0％である。また、現在の業況が「良い」「やや良い」と回答した割合の合計は、従業者1人の企業では44.4％、2～4人の企業では50.0％、5人以上の企業では55.3％である。いずれも、統計的に有意な差が見られる。

第4章

副業起業は失敗のリスクを引き下げるか

1 問題意識

　近年、起業の一つの形態として、勤務しながら副業として起業する形態（以下「副業起業」という）が注目されている*¹。もともと「週末起業」などと呼ばれていた起業形態であるが、2010年代半ば頃から注目されるようになっている。その背景には、副業起業は起業の新しい担い手を創出すると政策的に期待されるようになっていることがあげられる。

　例えば、中小企業庁『中小企業白書2014年版』では、起業の新たな担い手を創出するにあたって起業後の生活・収入の安定化が課題の一つであるとし、その対応策として、起業のセーフティーネットの構築とともに兼業・副業を促進することをあげている。この中小企業白書と同時期の2014年6月に公表された「『日本再興戦略』改訂2014」においても、「従業員として勤務したまま創業を可能とする兼業・副業・創業休職を促進する」（p.89）と言及されている。

　また2016年9月に設置された「働き方改革実現会議」において、新しい働き方の一つとして兼業・副業もテーマに加えられた。同会議の問題意識を受け、経済産業省は同年11月に「兼業・副業を通じた創業・新事業創出に関する研究会」を立ち上げ、2017年に提言書を発表した。そこでは「兼業・副業を通じて創業等を実現したいと考えている者の創出」を目指す必要があると指摘されている。同様の指摘は、2019年6月に公表された「成長戦略実行計画」にも見られる。

さらに、政府が設置した「新しい資本主義実現会議」は2022年に「新しい資本主義のグランドデザイン及び実行計画」を発表した。そのなかの重点投資項目の一つとして「副業・兼業の拡大」が掲げられ、副業を通じた起業などによって成長分野・産業への円滑な労働移動を進めるために、副業・兼業を推進することが指摘されている（新しい資本主義実現会議 2022b)[*2]。

　このような指摘の前提として、①副業起業は「起業におけるリスクを軽減する」（中小企業庁 2014、p.226）こと、②起業のリスクが軽減される結果、リスクテイク志向が相対的に弱い人であっても起業に踏み切りやすくなることが想定されている。しかしながら、これら二つの前提は、わが国においては必ずしも検証されているわけではない。そこで本章では、本書の主題である経営能力の獲得経路の一つとして副業をとらえ、副業起業が失敗のリスクを引き下げるかどうかを取り上げる。副業の経験は起業家が人的資本を獲得する経路の一つであるならば、副業起業は失敗のリスクを引き下げるはずである。そして補論として、リスクテイク志向が相対的に弱い人であっても起業に踏み切りやすくなるかどうか、すなわち副業起業が起業家の幅を広げるかどうかを検証する。

　本章の構成は次のとおりである。2節では先行研究を概観し、3節では公的統計をもとに副業起業者の数や推移を見る。4節で分析の枠組みを説明し、5節で分析結果を示す。副業起業によって起業する人がどのくらい存在するのかを見たうえで、副業起業は失敗のリスクを引き下げるかどうかを検証する。6節はまとめである。そして最後に補論として、副業起業は起業家の幅を広げるかどうかを検証する。

2 　先行研究

　海外では、副業起業家に対応する概念として、part-time entrepreneur または hybrid entrepreneur という用語が使われることが多い[*3]。

　Petrova（2005）は、part-time entrepreneur を「ある時間を通常の賃金労

働に従事し、残りの時間を自らの事業に従事する個人」と定義し、Wennberg, Folta, and Delmar（2006）は、「総収入の半分を下回る自営業収入を得ている個人」と定義する。一方、Folta, Delmar, and Wennberg（2010）は、hybrid entrepreneur を「主たる仕事として賃金労働に従事しながら、同時に自営業を営む個人」と定義する。part-time entrepreneur は時間や収入を基準として定義されることが多いのに対して、hybrid entrepreneur はたんに仕事の主従によって定義されることが多いようである。本章では、「勤務しながら起業すること」を副業起業としており、hybrid entrepreneur に近い（あるいはそれよりもやや広い）概念である。先行研究を概観するにあたり、本節では hybrid entrepreneur という用語にそろえる。

　海外で hybrid entrepreneur が注目されるようになったのは、2003 年前後である。それまでは、自営業者と賃金労働者とは重なり合うことのない、対立する概念としてとらえられていた。このため、自営業に参入するかどうかの意思決定は "all or none"、すなわち自営業者になるか勤務者にとどまるかのどちらかであるとみなされていた（Folta, Delmar, and Wennberg 2010）。しかし、起業活動に関する大規模な国際調査である Global Entrepreneurship Monitor（GEM）が、起業した人の 80 ％が同時に職をもっているという結果[4] を示したことなどをきっかけとして、hybrid entrepreneur に関する研究が本格化した。

　その内容は多岐にわたることから、本章の問題意識に関連するものを取り上げる。

　一つは、なぜ hybrid entrepreneur という形態を選ぶのか、という点である。Folta, Delmar, and Wennberg（2010）はその理由として次の 3 点を指摘する。第 1 は、収入の補完である。自営業の仕事は時間や仕事の内容などに柔軟性があることから、2 番目の仕事として望ましい。第 2 は非金銭的な便益を獲得することである。主たる仕事では得られない充実感などを得るために、2 番目の仕事として自営業を始めるというものである。第 3 は、フルタイムの自営業者へ移行する前段階としての位置づけである。起業には事業の先行

きや自らの適性などに不確実性が伴うが、hybrid entrepreneur は勤務を続けながら起業を経験することで、このような不確実性をコントロールしているのである。

国内の調査では、桑本（2020）が直近 5 年以内に起業した人のうち事業に充てる時間が週に 35 時間以上の人を「起業家」、35 時間未満の人を「パートタイム起業家」と定義している。事業とは別に勤務しているかどうかを定義に含めていない点が本章の定義とは異なるが、「パートタイム起業家」が起業した動機（三つまでの複数回答）は、「収入を増やしたかった」が 58.9％にのぼり、「起業家」の 39.0％を大きく上回る。次いで、「自由に仕事をしたかった」（「パートタイム起業家」は 35.1％、「起業家」は 59.1％）、「自分が自由に使える収入が欲しかった」（同 30.1％、15.3％）と続く。

もう一つは、hybrid entrepreneur のパフォーマンスである。hybrid entrepreneur は勤務をしながら、事業がうまくいくかどうかを確認したり、事業内容を修正したりすることができる。また、市場や顧客などに関する情報やノウハウを得ることもできる。このような副業起業の経験が能力の獲得経路になっているのである。その結果、フルタイムの自営業者に移行すると良好な業績をあげられるであろう。実際に Raffiee and Feng（2014）は、勤務者から直接フルタイムの自営業者になった起業家[5]と比べて、hybrid entrepreneur からフルタイムの自営業者に移行した起業家[6]は存続率が高いという実証結果を得ている。

3 統計に見る副業起業

副業として事業を経営している人はどの程度存在するのだろうか。総務省「就業構造基本調査」をもとに概観する。

同調査では、本業および副業（主な仕事以外に就いている仕事）の就業状況について調査を行っている。それによると、2022 年における雇用者は 6,077 万 2,000 人である（表 4-1、a 欄）。このうち、副業に従事している人は 280

表4-1　雇用者のうち副業に従事する人

（単位：千人、%）

(年)	雇用者 a	副業に従事する人 b=d+f+h	割合 c=b/a	雇用者 d	割合 e=d/a	家族従業者 f	割合 g=f/a	自営業主 h	割合 i=h/a	農林業を副業と する人を除く j	割合 k=j/a
1987	46,153	2,319	5.0	550	1.2	624	1.4	1,144	2.5	398	0.9
1992	52,575	2,538	4.8	757	1.4	625	1.2	1,147	2.2	465	0.9
1997	54,997	2,457	4.5	892	1.6	524	1.0	1,032	1.9	485	0.9
2002	57,733	1,979	3.4	815	1.4	401	0.7	764	1.3	380	0.7
2007	57,274	2,103	3.7	1,029	1.8	355	0.6	698	1.2	371	0.6
2012	57,009	1,916	3.4	1,050	1.8	285	0.5	581	1.0	372	0.7
2017	59,208	2,221	3.8	1,288	2.2	258	0.4	613	1.0	444	0.7
2022	60,772	2,801	4.6	1,698	2.8	181	0.3	680	1.1	580	1.0

資料：総務省「就業構造基本調査」（各年）
(注) 1　雇用者数（a欄）は、本業の従業上の地位が「雇用者」である人の数である。
　　 2　人数については小数点以下を四捨五入していること、および統計の誤差等によって、「副業に従事する人」とその内訳の合計とは必ずしも一致しない。

万1,000人、4.6%を占める（同b欄、c欄）。ただし、ここには副業の「従業上の地位」が雇用者や家族従業者である人も含まれる。「従業上の地位」が自営業主である人に限ると、68万人、1.1%である（同h欄、i欄）。さらにこの人数には、いわゆる兼業農家も含まれる。兼業農家は本稿で取り上げる副業起業にはあてはまらないことから、農林業を副業とする人を除いた自営業主数を見ると、58万人、1.0%である（同j欄、k欄）。

　過去に遡って推移を見ると、雇用者のうち副業の「従業上の地位」が自営業主である人の割合は1987年の2.5%から時期を追うごとに大きく低下している（同i欄）。ただし、この低下の大きな理由は兼業農家の減少によるものである。農林業を副業とする人を除くと、雇用者に占める割合は1987年においても

表4-2 「起業と起業意識に関する調査」（2016年）の調査要領

調査時点：2016年11月
調査対象：全国の18歳から69歳までの男女　31万7,861人
調査方法：インターネットによるアンケート（事前調査と詳細調査の2段階）
・インターネット調査会社から登録モニターに電子メールで依頼し、ウェブサイト上の
調査画面に回答者自身が回答を入力
回 収 数：①事前調査　29,993人
②詳細調査　1,436人

資料：日本政策金融公庫総合研究所「起業と起業意識に関する調査」（2016年）（特に断らないかぎ
　　り、以下同じ）

0.9％にすぎず、2022年までの35年間で見るとほぼ横ばいである（同k欄）。

　この調査は必ずしも副業起業の全体像をとらえたものではない[7]。しか
し、わが国では雇用者数に占める副業起業者の割合はまだ小さいといってもよ
いだろう[8]。

4 　分析の枠組みと起業意識の分布

　次に、分析の枠組みを説明する。日本政策金融公庫総合研究所が2016年度
に実施した「起業と起業意識に関する調査」（以下「本調査」という）を利用
する（表4-2）。本調査は、インターネットによるアンケートを事前調査と詳
細調査の2段階に分けて行ったものである。

　事前調査では、18歳から69歳までの人を対象として、性別、年齢階層
（10歳きざみ）、地域（8ブロック）を総務省「国勢調査」（2015年）の人口
構成に合わせて回収している。したがって、インターネットの利用者であると
いうバイアスは残るものの、全国の18歳から69歳までの人口が母集団であ
るとみなせる。そして四つの設問によって、2011年以降に自分で事業を起業
し、現在も経営している人を「起業家」、経営経験がなく、現在起業に関心が
ある人を「起業関心層」、経営経験がなく、以前も今も起業に関心がない人を
「起業無関心層」と分類している（表4-3）[9]。

　詳細調査では、事前調査で抽出した「起業家」「起業関心層」「起業無関心

表4-3　起業意識の分布（事前調査）

					単位：％ (n=24,993)	
事業経営経験の有無	現在事業を経営している	自分が起業した事業かどうか	自分が起業した事業である	起業年	2011〜2016年	1.5	➡ 起業家
					2001〜2010年	2.0	
					2000年以前	2.3	
			自分が起業した事業ではない			2.0	
	事業を経営したことはあるが、廃業等によりすでにその事業に関わっていない					3.2	
	事業を経営したことはあるが、退任等によりすでにその事業に関わっていない					4.2	
	事業を経営したことはない	起業への関心の有無	起業に関心あり			14.3	➡ 起業関心層
			以前は起業に関心があった			9.7	
			以前も今も起業に関心なし			60.6	➡ 起業無関心層
合計						100.0	

(注)　1　実際の人口構成を反映した事前調査による分類である。
　　　2　小数点第2位以下を四捨五入して表記していることから、構成比の内訳の合計は必ずしも
　　　　100％になるとはかぎらない（以下同じ）。

層」に対して、副業起業をはじめとして起業や起業意識に関する詳細な質問を
行っている。

　なお、実際の人口構成を反映している事前調査をもとに起業意識の分布を見
ると、起業無関心層は全体の60.6％を占め、最も多い（前掲表4-3）。一方、
起業家は1.5％、起業関心層は14.3％である。起業に関心のない人が過半を
占めるものの、起業に関心をもつ人は起業家の約10倍にもあたる。起業を増
やすことが大きな政策課題となっていることから、多数存在する起業関心層を
どうすれば起業家として顕在化させられるのかという視点が重要だといえるだ
ろう。

5 分析結果

（1）起業家のうち、勤務しながら起業した人は27.5％

　以下では、詳細調査をもとに副業起業の実態を分析する[*10]。

図4-1 起業パターンによる起業家の類型化

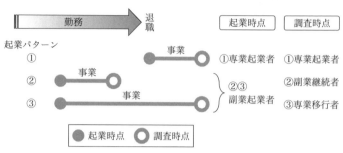

資料：筆者作成

　分析にあたり、起業パターンによって起業家を類型化した（図4-1）。勤務者が起業する場合、勤務を辞めてから起業することが多い。このような起業家を「専業起業者」と定義する（図4-1の起業パターン①）。一方、勤務しながら起業するパターンに該当する起業家を「副業起業者」と定義する（同、起業パターン②および③）。また副業起業者のうち、調査時点でも勤務しているパターンを「副業継続者」（同、起業パターン②）、調査時点では勤務を辞めて事業を専業としているパターンを「専業移行者」（同、起業パターン③）と定義する[11]。

　起業時点において専業起業者は72.5％を占め、副業起業者は27.5％を占める（図4-2）。勤務しながら起業する人は、決して少なくはない。また調査時点で見ると、専業移行者は14.9％、副業継続者は12.6％である。副業起業者のうち半分以上が、起業後に勤務先を辞めて事業を専業とするようになっている。

　表4-4は起業パターン別に業種構成を見たものである。副業起業者は「製造業」「医療、福祉」「個人向けサービス業」「不動産業、物品賃貸業」の割合が専業起業者と比べてやや高く、「建設業」「事業所向けサービス業」の割合が低い。ただ、明確な差異が見られるとはいいがたい。

　業種分類よりも、むしろ個々の事業内容を見たほうが、副業起業者の事業の特徴が明確になるだろう。アンケートでは、事業内容について記述回答を求め

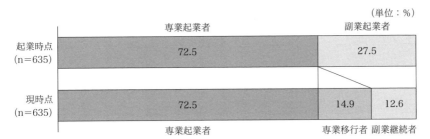

図4-2　起業パターンの構成比

(単位：%)

	専業起業者	副業起業者
起業時点 (n＝635)	72.5	27.5
現時点 (n＝635)	72.5	14.9　　12.6

専業起業者　　専業移行者　副業継続者

(注) 1　ウエイト付けを行った集計である（n値は原数値、以下同じ）。
　　 2　起業家のうち、起業直前に勤務者であった者について集計したものである（表4-5まで同じ）。

表4-4　業種（起業パターン別）

(単位：%)

	専業起業者 (n = 473)	副業起業者 (n = 151)
建設業	5.4	1.4
製造業	2.3	7.7
情報通信業	10.7	7.2
運輸業	3.2	3.3
卸売業	3.5	5.5
小売業	10.6	11.4
飲食店、宿泊業	4.1	4.1
医療、福祉	6.1	9.5
教育、学習支援業	7.1	4.7
個人向けサービス業	18.8	21.4
事業所向けサービス業	19.0	12.4
不動産業、物品賃貸業	7.2	9.7
その他	2.2	1.7
合　計	100.0	100.0

ている。それによると、副業起業の事業内容の典型例は三つあげられる。一つ
目は、クリエイター系の事業である。例えば、イラストレーターやライター、
ウェブデザイナー、翻訳などである。二つ目は、専門性の高い事業である。例
えば、設計やシステムエンジニア、経営コンサルタントなどである。三つ目

は、趣味や特技、資格などを活用した事業である。例えば、語学講師やピアノ教室、整体師、アクセサリーの修理などがある。なかには、勤務先のレストランにフラワーアレンジメントスクールとショップを開設したという事例もあった。これら三つの典型例のほかに、インターネット通販なども見受けられた。いずれの事業も、自宅でできそうなものが多い。なお、勤務者が副業で営む事業というと、不動産賃貸業を思い浮かべがちである。しかし、副業起業者のうち「不動産業、物品賃貸業」は9.7％と、専業起業者（7.2％）を少し上回る程度である（前掲表4-4）。

　受注経路としてクラウドソーシングを利用している割合が相対的に高いのも、副業起業者の事業に見られる特徴である。直近1年以内にクラウドソーシングを通じて仕事を請け負ったことがある割合は、専業起業者の7.8％に対して副業起業者では20.5％と相対的に高い。

　起業時の従業者数は、副業起業者、専業起業者ともに「1人（本人のみ）」の割合が7割前後にのぼる（図4-3）。両者を比較すると、副業起業者のほうが相対的に従業者数の多い企業の割合がやや高い。副業起業者を副業継続者と専業移行者に分けて従業者数を見ると、副業継続者は専業起業者と大きな差異

図4-3　従業者数（起業パターン別）

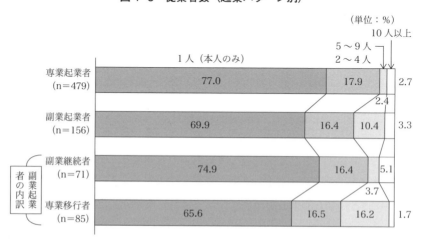

は見られないが、専業移行者は従業者数が多い企業の割合が高い。いずれ勤務を辞めて事業を専業化しようと考えている人は、副業として起業する際に、複数人でスタートすることが少なくないようである[*12]。

(2) 副業起業は女性、若年層で相対的に多い

　では、どのような人が副業として起業しているのだろうか。副業起業者の属性を見てみよう。

　まず性別に関しては、専業起業者のうち19.3％が女性であるのに対して、副業起業者は30.2％と高い。起業時の年齢については、副業起業者は「29歳以下」の割合が32.1％と専業起業者（12.4％）よりも高く、相対的に若い（図4-4）。

　起業直前の職業[*13]を見ると、副業起業者は「会社や官公庁・団体の正社員・正職員」の割合が49.7％と専業起業者（60.8％）よりも低く、逆に「非正社員（派遣社員・パート等）」の割合は34.2％と専業起業者（24.3％）よりも高い（表4-5）。一般的に非正社員の収入は正社員よりも低水準である。このため、副業として起業し収入を補完しようとしているケースが多いものと思われる。その結果、上で見たように副業起業者には女性、若年層が相対的に多くなっているのであろう。

　起業直前の勤務先の従業員規模を見ると、副業起業者では「300人以上」の割合が33.0％を占め、専業起業者（25.7％）よりもやや高い（図4-5）。「19

図4-4　起業時の年齢（起業パターン別）

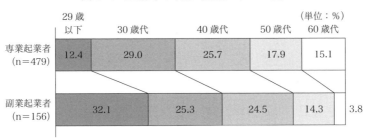

表4-5　起業直前の職業

(単位：%)

	専業起業者 (n = 479)	副業起業者 (n = 156)
会社や団体の常勤役員	11.4	14.9
会社や官公庁・団体の正社員・正職員	60.9	49.7
非正社員（派遣社員・パート等）	24.3	34.2
家族従業員	3.5	1.3
合　計	100.0	100.0

(注) 副業起業者のうち副業継続者については、現在の職業である。

図4-5　起業直前の勤務先の従業者規模（起業パターン別）

(単位：%)

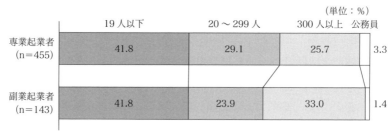

(注) 副業起業者のうち副業継続者については、現在の勤務先の従業者規模である。

人以下」の割合はいずれも41.8％であり、起業パターンによる大きな差異は見られない。

（3）なぜ副業として起業したのか

　次に、専業ではなく副業として起業した理由を見てみよう。

　副業として起業した理由として最も回答割合が高いのは、「勤務収入が少ないから」（43.2％）であった（図4-6）。副業起業者は若年層、非正社員といった、総じて勤務収入が少ない人の割合が高いことから、収入を補完するために副業として事業を立ち上げた人が多数を占めるのであろう。次いで回答割合が高いのは、「いずれ勤務を辞めて独立したいから」（38.5％）である。

　起業理由を図4-6のとおりに大きく四つに区分すると、「勤務者としての不

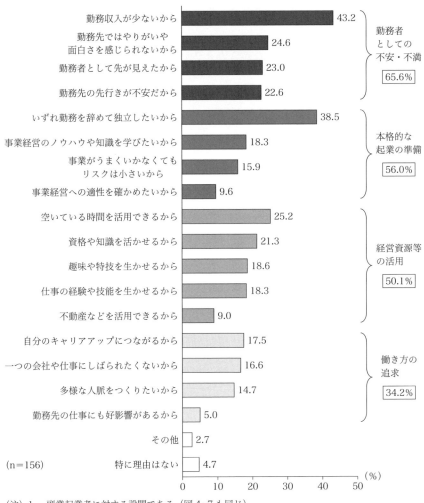

図4-6　副業として起業した理由（副業起業者）（複数回答）

（注）1　副業起業者に対する設問である（図4-7も同じ）。
　　　2　枠囲みの数字は、それぞれの区分の項目を一つ以上選択した割合である。

安・不満」は65.6％にのぼるが、「本格的な起業の準備」も56.0％と高い。
副業起業者の多くは、収入の補完など勤務先に対する不安・不満を解消するた
めだけではなく、事業経営のノウハウなどを学んだり、顧客を開拓したりする

といった、本格的な起業に向けた能力の獲得経路として副業起業を位置づけているのである。次の事例はその典型である。

＜事例1＞印刷会社に勤務しながらカメラマンとして本格的な起業を準備

> 写真業
> 従業者　1人（本人のみ）
> 副業起業年　2010年、専業移行年　2014年

写真業を営むAさん（男性、1975年生まれ）がこの業界で働くようになったのは、高校の先生の勧めで地元のB写真店（当時の従業者数10人）に1993年に就職したのがきっかけである。B写真店は現像・プリントを主事業としていたが、それ以外にも学校の卒業アルバムの作成を地元の約30校から請け負っていた。

Aさんは入社後、卒業アルバム部門で営業活動やカメラマンなどの仕事を担当した。カメラマンの仕事は助手として始まったが、数年後には1人で5校くらいを任され、やがて経験を重ねるにつれて15校程度を任されるようになった。

卒業アルバム用の写真撮影では、良い表情で目線をカメラに向けてもらうために子どもたちとのコミュニケーションをいかにとるかが重要である。Aさんは幼稚園から大学まで幅広い学校を担当するなかで、児童や生徒、学生たちへの声のかけ方だけをとっても、学齢ごとに最適な方法が異なることを実感したという。Aさんは卒業アルバムならではのさまざまなノウハウなどを学ぶとともに、自分が撮影した写真が子どもたちの一生の思い出になることにやりがいを感じたという。

しかし、デジタル化の進展などによってB写真店の経営が低迷した結果、2007年にAさんは退職せざるをえなくなった。これを機に、フリーカメラマンとして独立しようとした。しかし生活できるだけの収入を得られず、アルバイトで何とか糊口をしのいだという。

　2010年に、卒業アルバムの印刷を主とするC社（従業者数130人）から声をかけられ、正社員として入社した。C社は、写真館などから卒業アルバムの印刷・製本を請け負っていたが、一部の学校からはアルバムの制作を直接請け負うこともあった。このためカメラマンを必要としていたのである。とはいえ印刷が主力の会社なので、Aさんはカメラマンの仕事だけではなく、印刷所の仕事もやらざるをえなかった。

　C社では、取引先である写真館の仕事を手伝うことが、休日の副業として認められていた。運動会などの学校行事には何人もカメラマンが必要になる。取引先の仕事を手伝うことはC社のメリットにもなることから、慣習的に副業として認められていたのである。Aさんはこの慣習を利用し、副業としてカメラマンの仕事を行った。当初は少ない給料を補うことが目的だったという。しかし、勤務を重ねるにつれて、印刷を主体とするC社にはカメラマンとしての自分の居場所があまりないと感じるようになったことから、本格的な独立を目指して、週末を中心に積極的に副業を行うことにした。

　その際に、Aさんが独立を意識して行ったことは二つある。一つは設備や機材の準備である。副業として手がける撮影の仕事は、1現場で2万円近くの収入になるので、月平均で7〜8万円、ときには有給休暇を取得して10万円以上の収入を得た。この収入を、営業車やパソコン、高精細モニター、交換レンズなどの購入に充てた。もう一つは人脈づくりである。大きな学校行事のときや、学校行事が重複したときには、手伝ってくれるカメラマンが必要になるからだ。また写真館など将来の受注先との関係も構築するように努めた。

　このような準備を経て、2014年3月にC社を退職し、4月に専業への移行を果たした。C社で担当していた学校5校は、卒業アルバムの印刷をC社に発注することを条件に、Aさんが引き継いだ。このように、副業として仕事をしながら準備に取り組んだ結果、専業に移行してすぐにAさんは事業を軌道に乗せることができた。

　ここで、副業起業の事業内容と勤務先の仕事との関係を見ると、「勤務先で

図4-7　勤務先の仕事との関係（副業起業者）

(n＝156)

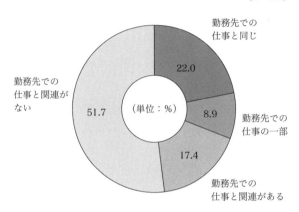

勤務先での
仕事と同じ

22.0

勤務先での
仕事の一部

8.9

勤務先での
仕事と関連がある

17.4

勤務先での
仕事と関連が
ない

51.7

（単位：％）

の仕事と同じ」は22.0％にすぎず、「勤務先での仕事と関連がない」が51.7％と過半を占める（図4-7）。

　勤務者が起業する場合には、勤務先での経験や人脈などを生かせる事業内容で起業することが一般的であり、勤務先での仕事と何らかの関連があることが多い。第1章で取り上げた斯業経験も、多くの場合は勤務先の仕事を通じて獲得している。それに対して副業起業者は、勤務先の仕事と無関係の事業、すなわち斯業経験のない事業を起業する割合が高そうである。そのような場合でも、勤務しながら事業を立ち上げることで、事業について学んだり、顧客を開拓したりするといった助走期間を経験できる。あるいは、事業として成り立ちそうもないことが分かれば、まだ勤務を辞めているわけではないので、撤退の判断を下しやすい。つまり、①副業起業を通じて本格的な起業に向けての能力を獲得できること、②事業として成り立つかどうかを確認できることが副業起業のメリットといえる。このようなメリットがあるからこそ、「勤務先での仕事と関連がない」事業を手がける人が多いのであろう。

　次に示すのは、経験のない事業を副業として起業した事例である。勤務をしながら製品開発や顧客開拓などを行い、事業の見通しがある程度ついたことを

機に専業に移行している。

＜事例2＞勤務しながらさまざまな支援制度を利用して起業

> 加工食品製造業
> 従業者　1人（本人のみ）
> 副業起業年　2013年、専業移行年　2016年

　Dさん（女性、1985年生まれ）は東京都から福島県に2012年に移住した。夫は地元で就農していたが、Dさんは移住と同時に福島県の臨時職員になり、資格を生かして学校栄養士として勤務した。当初は勤務のかたわら、週末に夫の農業を手伝う生活だった。

　Dさんが起業を意識するようになったのは、地元の農家から、売れ残ったブルーベリーをジャムにしたいのに委託できる加工場がないという声を聞いたことがきっかけだった。農産物を加工して付加価値を高めることで、地域農業に貢献できる。そう考えたDさんは、県の農産物六次化補助金を獲得して、勤務を続けながら2013年4月に起業した。公務員でも業務に支障がない範囲で農業、僧侶等を兼業することは認められており、Dさんの事業も農業関連だということで兼業の許可を得ることができた。

　勤務先では給食の調理に関わっていたものの、加工食品を製造するのは勝手が違った。そこで、平日の夜に農業短期大学や農協などが主催する講習会に参加し、食品加工について学んだ。漬け物やジャムづくりの実習などを受講したという。そして週末には、農作業と製品の試作に取り組んだ。黒米を原料にした甘酒を製造する際には、福島県県産品加工支援センターからアドバイスを受けたこともあった。こうして、ブルーベリージャムやエゴマ油、黒米甘酒などの製品が完成した。

　販路の開拓も必要だった。そこで、週末に農協の直売所などを訪ねて営業活動をしたり、青空市やイベントに自らテントを持ち込んで即売したりした。青空市での販売をきっかけに、観光施設などから「うちに製品を置いてみない

か」と声をかけられたこともあった。こうして販路も少しずつ広げていった。

　製品の種類がある程度増え、販売先もそこそこ確保できたことから、Ｄさん
は2016年３月に勤務を辞めて、専業に移行した。その後、地元の農家から農
産物の加工も請け負うようになり、事業は軌道に乗っている。

　「勤務をしながら事業として成り立つかどうか様子を見ればよいと考えたの
で、起業に踏み切ることができました」とＤさんは振り返る。

（4）専業移行者の業績は総じて良好

　副業起業に上記のようなメリットがあるのならば、業績にも反映されるはず
だ。はたして副業起業者の業績は良好だろうか。

①　クロス集計による分析

　ここでは、専業起業者、副業継続者、専業移行者に分けて、現在の業績を比
較する。注目するのは、専業移行者と専業起業者の違いである。本格的な起業
の準備として助走期間を経た専業移行者のほうが、助走期間を経ずに事業を始
めた専業起業者よりも業績が良好であれば、副業起業には上記のメリットがあ
るといえるからだ。

　業績を見るにあたっては、二つの指標を用いる*14。一つは、事業が軌道に
乗っているかどうかである。起業家がまず目指すのは、顧客を獲得して安定し
た売り上げを実現し、事業を軌道に乗せることである。そうすることで、事業
を維持することができる。このような観点から、本調査では事業が軌道に乗っ
ているかを尋ね、「あてはまる」「あてはまらない」「どちらともいえない」の
三択で回答を求めている。その結果を見ると、「あてはまる」とする割合は、
専業起業者は34.0％、副業継続者は35.3％、専業移行者は47.4％である（図
4-8）。専業移行者は専業起業者よりも軌道に乗っているとする割合が高い。
一方、副業継続者は専業起業者と大きな差異は見られない。

　もう一つの指標は、起業家の収入に対する満足度である。先述したように、
副業として起業した最大の理由は、「勤務収入が少ないから」であった（前掲

図4-8　事業は軌道に乗っているか（起業パターン別）

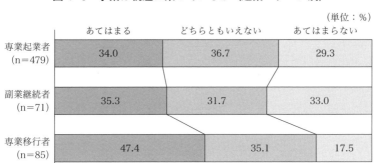

図4-9　収入に対する満足度（起業パターン別）

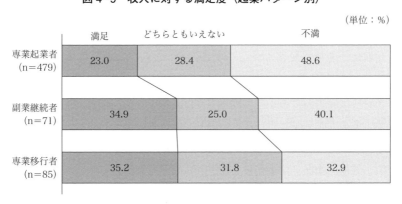

図4-6）。副業起業によってこのような不満は解消されたのだろうか。「満足」
と回答した割合を見ると、専業移行者（35.2％）は専業起業者（23.0％）よ
りも高い（図4-9）。また副業継続者（34.9％）でもこの割合は専業起業者よ
り高いが、これは副業による収入と勤務収入とを同時に得ており、合計の収入
水準が高いことがその背景にあると思われる。
　起業パターンと業績とのクロス集計を見るかぎり、専業移行者の業績は専業
起業者よりも良好だといえそうである。ただし、クロス集計ではその他の要因
の影響を排除することができない。例えば、図示はしていないが、起業時の従

業者規模が大きいほど、事業が軌道に乗っているとする割合は高いという傾向が見られる[*15]。収入に対して「満足」と回答する割合も同様である[*16]。一方で、先に見たとおり、専業移行者は起業時の従業者数が多い企業の割合が高い。専業移行者の業績が総じて良好であるというクロス集計結果には、従業者規模の影響も含まれている。だとすれば、従業者規模をはじめ、さまざまな要因をコントロールしたうえで、業績を比較しなければならない。そこで、計量モデルをもとに起業パターンと業績との関係を確認することにしたい。

② 計量モデルによる分析

計量モデルにおける被説明変数は業績である。クロス集計と同様、二つの指標を用いる。なお、事業が軌道に乗っているかについては、「あてはまらない」を1、「どちらともいえない」を2、「あてはまる」を3とするカテゴリー変数、年収に対する満足度については「不満」を1、「どちらともいえない」を2、「満足」を3とするカテゴリー変数を作成した。いずれの被説明変数も値が大きいほど好業績であること意味する。したがって、説明変数の係数の符号がプラスであれば業績との間に正の相関があるといえる。

説明変数は大きく三つに分かれる。第1は事業の属性である。起業時の従業者数、業種、業歴、同業他社と比べた事業の新規性の有無の四つを用いる。

第2は起業家の属性である。性別、起業時の年齢、勤務企業数、斯業経験（起業した事業に関連する仕事の経験）の有無、管理職経験の有無、起業パターンを用いる。このうち起業パターンについては、参照変数である専業起業者を基準として、副業継続者、専業移行者と業績との関係を分析する。

第3は、起業費用である。自己資金割合、起業費用調達額に対する満足度を用いる。前者では、自己資金だけで起業することが業績にどのような影響を及ぼすのかを見る。また後者では、起業費用を希望どおり調達できたかどうかによる影響を見る。

推計結果は表4-6のとおりである。

事業が軌道に乗ったかどうかを被説明変数とする推計結果（推計①）を見て

表 4-6　業績の決定要因

推計方法	順序プロビット分析（ウエイト付き）			推計①		推計②	
				係数	標準誤差	係数	標準誤差
被説明変数				事業は軌道に乗っているか（あてはまらない＝1、どちらともいえない＝2、あてはまる＝3）		年収に対する満足度（不満＝1、どちらともいえない＝2、満足＝3）	
説明変数	事業の属性	従業者数（起業時）	1 人（該当＝1、非該当＝0）	(参照変数)		(参照変数)	
			2〜4 人（同上）	0.108	0.136	0.179	0.144
			5〜9 人（同上）	0.349	0.272	0.497	0.264 *
			10 人以上（同上）	1.080	0.346 ***	1.030	0.403 **
		業種	（13 業種）	(記載省略)		(記載省略)	
		業歴（年）		0.064	0.030 **	0.015	0.030
		同業他社と比べた事業の新規性の有無（あり＝1、なし＝0）		0.239	0.123 *	−0.062	0.126
	起業家の属性	性別（女性＝1、男性＝0）		0.065	0.129	−0.081	0.149
		起業時の年齢（歳）		−0.007	0.005	−0.009	0.006
		勤務企業数（社）		−0.010	0.019	−0.038	0.022 *
		斯業経験の有無（あり＝1、なし＝0）		0.218	0.118 *	0.139	0.123
		管理職経験の有無（あり＝1、なし＝0）		0.087	0.107	0.065	0.112
		起業パターン	専業起業者（該当＝1、非該当＝0）	(参照変数)		(参照変数)	
			副業継続者（同上）	−0.130	0.159	0.221	0.169
			専業移行者（同上）	0.321	0.150 **	0.274	0.164 *
	起業費用	自己資金割合（100%＝1、100% 未満＝0）		−0.020	0.124	−0.081	0.131
		起業費用調達額に対する満足度	希望どおり調達できた（該当＝1、非該当＝0）	1.002	0.253 ***	0.964	0.254 ***
			少し不足した（同上）	0.537	0.278 *	0.614	0.284 **
			かなり不足した（同上）	(参照変数)		(参照変数)	
閾値 1				0.474	0.422	0.349	0.420
閾値 2				1.527	0.426 ***	1.177	0.422 ***
観測数				624		624	
F 値				3.71 ***		2.77 ***	

(注)　1　標準誤差欄の *** は有意水準が 1%、** は 5%、* は 10% であることを示す（以下同じ）。
　　　2　推計①、②の VIF の最大値は 4.65（個人向けサービス業ダミー）であり、VIF の目安である 10 を大きく下回っている。したがって、説明変数間に明らかな多重共線性は検出されなかった。

みよう。従業者数「2～4人」「5～9人」「10人以上」の係数はいずれも正の値をとり、従業者規模が大きくなるほど絶対値も大きくなっている。「2～4人」「5～9人」の係数は有意ではないものの、「10人以上」は1％水準で有意である。従業者数が多いほど事業が軌道に乗りやすいという関係は、ある程度は成り立つといえるだろう。業歴も有意な正の係数である。当然のことではあるが、業歴が長くなるほど事業は軌道に乗りやすいということだ。また、同業他社と比べて事業に新規性があるほうが、事業は軌道に乗りやすい。

　起業家の属性を見ると、斯業経験があるほうが事業は軌道に乗りやすい。本章で注目している起業パターンについては、専業移行者の係数が有意な正の値である。専業起業者と比べて専業移行者は事業が軌道に乗りやすいということである。

　起業費用に関しては、自己資金だけで起業することではなく、適正な起業費用を希望どおり調達することで、事業を軌道に乗せやすくなるといえそうことである。

　年収に対する満足度を被説明変数とする推計②についても、専業移行者の満足度が高まりやすいことをはじめ、おおむね推計①と同様の結果が得られた。

　以上のとおり、専業移行者は専業起業者よりも総じて良好な業績をあげている。副業起業という助走期間を経ることで、失敗のリスクが低下しているといえるだろう。だとすれば、副業起業を促進する政策には妥当性がある。

6　まとめ

分析結果をまとめると、次の2点が指摘できる。

①　副業起業者は起業家のうち27.5％を占める。また、調査時点で見ると、専業移行者は14.9％、副業継続者は12.6％を占める。つまり、副業として起業した人のうち、その後専業に移行した人は半分以上にのぼる。

　副業として起業した理由を分類すると、「勤務者としての不安・不満」は65.6％にのぼる。次いで「本格的な起業の準備」も56.0％と高い。副業起

業者の多くは、勤務先に対する不安・不満を解消するためだけではなく、事業経営のノウハウなどを学んだり顧客を開拓したりするといった、本格的な起業に向けた能力の獲得経路として副業起業を位置づけている。

② 起業形態と業績との関係を確認したところ、専業移行者は専業起業者よりも良好な業績をあげているという有意な結果を得た。したがって、副業として起業し、助走期間を経て専業に移行することで、起業における失敗のリスクを低下させられるといえる。

その背景として二つの要因が考えられる。一つは、助走期間中に事業について学んだり顧客を開拓したりすることで、本格的な起業に必要となる能力が高まることである。そしてもう一つは、事業として成り立ちそうもないことが分かれば撤退の判断も下しやすいことである。すなわち、失敗しそうな人が副業から専業へ移行するのを妨げるということである。

補論：副業起業は起業家の幅を広げるか

本論では、副業起業は失敗のリスクを引き下げることを示した。したがって、副業として起業することは能力の獲得経路の一つであることが明らかになった。

補論では、本論と同じデータを用いて、副業起業が起業家の幅を広げるかどうかを検証したい。つまり、リスクテイク志向が弱く、いきなり専業として起業することには踏み切れない人であっても、副業として始めれば起業しやすくなるかどうか、ということである。1節で述べたように、①副業起業は失敗のリスクを引き下げること、②その結果、リスクテイク志向が相対的に弱い人であっても起業に踏み切りやすくなることの二つが成り立てば、副業を通じた起業家の創出という政策意図が達成されるからである[17]。

（1）リスク選好度と起業意向の関係

補論では、勤務者のリスク選好度と起業意向との関係を探る。

図4-10は、勤務者を対象に将来の起業希望の有無と起業形態を尋ねたもの

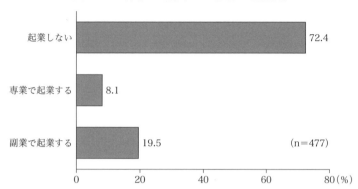

図4-10　将来の起業希望の有無と起業形態

起業しない　72.4
専業で起業する　8.1
副業で起業する　19.5　　　　　　　　(n＝477)

0　　20　　40　　60　　80(%)

(注) 1　「起業関心層」「起業無関心層」のうち、勤務者に尋ねた設問である（以下
　　　　同じ）。
　　　2　勤務先において副業が禁止されている人には、かりに副業が認められるよ
　　　　うになった場合を想定して回答を求めた（以下同じ）。

である。「専業で起業する」は8.1％にすぎないが、「副業で起業する」は
19.5％を占める。副業起業という選択肢がなければ、起業希望者は勤務者の1
割を下回る程度しか存在しないことになる。なおこの設問は、勤務先において
副業が禁止されている場合には、かりに副業が認められるようになったと想定
して回答を求めたものである。したがって、副業を禁止されている勤務者が多
ければ、たとえ副業希望者が2割近く存在しているとしても、副業起業を実
現できる人はごく一部に限られてしまう。

　勤務者のリスク選好度は、「ローリスク・ローリターンよりもハイリスク・
ハイリターンのほうに魅力を感じるか」という設問に対する回答を用いる（図
4-11）。それによると、「そう思う」と回答する割合は3.9％、「どちらかとい
えばそう思う」は14.1％を占め、両者を合計しても18.0％にすぎない。一
方、「どちらかといえばそう思わない」（37.9％）、「そう思わない」（44.1％）
の合計は82.0％にのぼる。後二者を「リスク回避志向」とみなす。

　では、リスク回避志向をもつ勤務者でも副業起業という選択肢を選ぶ可能性
はあるのだろうか。計量モデルによってこの点を検証する。

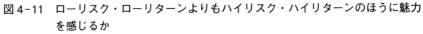

図4-11　ローリスク・ローリターンよりもハイリスク・ハイリターンのほうに魅力を感じるか

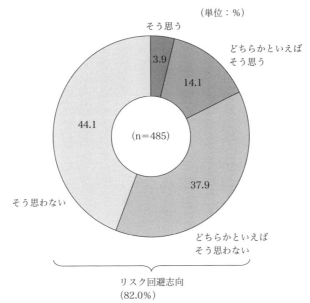

(単位：%)

そう思う 3.9

どちらかといえば
そう思う 14.1

(n＝485)

どちらかといえば
そう思わない 37.9

そう思わない 44.1

リスク回避志向
(82.0%)

　被説明変数は起業希望の有無と起業形態である。3値であることから、「専業で起業したい」をベースとする多項ロジット分析を用いて推計する。

　説明変数は、リスク回避志向のほか、勤務者の属性（性別、年齢）、職歴（勤務した企業数、管理職経験の有無、営業職経験の有無、雇用形態、勤務先の従業者規模）を用いる。さらに、前掲図4-6で見たように勤務者としての不安・不満が副業起業の大きな要因であることから、収入に対する満足度、仕事に対する満足度も説明変数に加えてコントロールした。

　推計結果は表4-7のとおりである。説明変数のうち補論で注目している「リスク回避志向」を見ると、「副業で起業したい」「起業するつもりはない」のいずれも、有意な正の係数である。リスク回避志向をもつ人が「起業するつもりはない」を選ぶ確率は専業起業を希望する場合と比べて高いのは当然のことであるが、副業起業を希望する確率も専業起業を希望する場合と比べて有意

表 4-7 起業意向の推計

推計方法	多項ロジット分析（ウエイト付き）	推計③			
		係数	標準誤差	係数	標準誤差
被説明変数	起業意向 （「専業で起業したい」＝ベース、「副業で起業したい」「起業するつもりはない」）				
		副業で起業したい		起業するつもりはない	
説明変数	性別（女性＝1、男性＝0）	−0.020	0.449	0.688	0.382 *
	年齢（歳）	−0.017	0.018	0.018	0.015
	勤務した企業の数（社）	−0.004	0.031	0.007	0.041
	管理職経験の有無（あり＝1、なし＝0）	−0.038	0.421	−0.463	0.402
	営業職経験の有無（同上）	1.124	0.423 ***	−0.011	0.424
	雇用形態（正規＝1、非正規＝0）	0.416	0.406	0.495	0.382
	勤務先の従業者規模 19人以下（該当＝1、非該当＝0）	（参照変数）		（参照変数）	
	20〜299人（同上）	−0.164	0.478	0.458	0.437
	300人以上（同上）	1.174	0.511 **	1.153	0.508 **
	公務員（同上）	−0.078	0.807	0.453	0.742
	収入に対する満足度 不満（該当＝1、非該当＝0）	（参照変数）		（参照変数）	
	どちらともいえない（同上）	−0.482	0.442	−0.098	0.417
	満足（同上）	−0.659	0.539	0.165	0.541
	仕事に対する満足度 不満（該当＝1、非該当＝0）	（参照変数）		（参照変数）	
	どちらともいえない（同上）	0.236	0.479	0.826	0.435 *
	満足（同上）	0.146	0.434	0.569	0.424
	リスク回避志向（該当＝1、非該当＝0）	0.897	0.403 **	1.788	0.383 ***
定数項		0.267	0.948	−1.404	0.860
観測数		439			
F値		3.18 ***			

（注）推計③の VIF の最大値は 1.78（勤務先の従業者規模 300 人以上）であり、説明変数間の多重共線性は検出されなかった。

に高い。これは次のように解釈できる。すなわち、リスク回避志向をもつ人は「専業起業」と「起業しない」という選択肢を比較すると後者を選ぶ確率は高い。しかし、リスク回避志向をもつ人の一部には、専業起業には躊躇していても「副業起業」という選択肢があれば副業起業を選ぶ人は存在しうる。したがって、副業起業はリスク回避志向をもつ人に対して、起業の可能性を高めるといえそうだ。

　なおリスク回避志向以外に有意な変数をみると、「営業職経験」は「副業で起業したい」に対して正の係数、勤務先の従業者規模「300人以上」は「副業で起業したい」「起業するつもりはない」のいずれも正の係数である。営業職の経験がある人、大企業に勤務している人は副業起業を希望する確率が高くなるといえる。

(2) 副業起業を促進するには

　本章の分析によって、副業起業は起業におけるリスクを軽減すること、その結果、リスク回避志向をもつ人であっても起業に踏み切る確率が高まることを示した。副業起業は起業家の幅を広げ、その結果、起業する人が増加することが期待できるといえるだろう。そこで最後に、今後副業起業を促進するための課題を考えたい。

　先に見たとおり、勤務者の2割近くが副業起業を希望している（前掲図4-10）。しかしながら、これは勤務先から副業することが認められた場合を想定して回答を求めたものである。実際には、勤務先から副業を禁止されている場合が少なくない。

　勤務先における副業の禁止状況をみると、「禁止されている」とする割合は38.1％、「原則的に禁止されているが、一定要件等を満たせば例外的に認められる」は6.3％、「禁止されていない」は37.9％である（図4-12）。これを勤務先の従業員規模別にみると、規模の大きな企業の勤務者ほど「禁止されている」とする割合が高い。前(1)項の分析によって大企業勤務者は副業起業を希望する確率が高いことを示したが、副業起業を希望してもそれを実現できない勤務者が、大企業を中心に多く存在すると思われる[18]。

　そこで、副業起業の希望者に対して、副業として起業する際にはどのようなことが問題になりそうかを尋ねたところ、「勤務先が副業を禁止している」と回答する割合が33.9％と最も高かった（図4-13）。次いで、「体力や気力が続きそうにない」（29.2％）、「勤務先の仕事がおろそかになりそう」（28.8％）、「家庭生活との両立が難しい」（27.7％）と続く。これらから次の

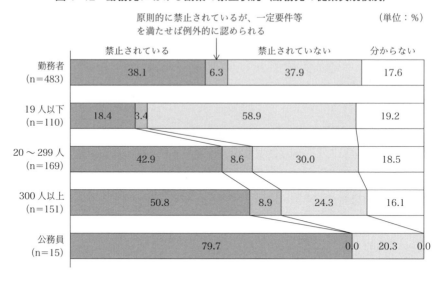

図 4-12　勤務先における副業の禁止状況（勤務先の従業員規模別）

二つが指摘できる。

　一つは、勤務先による副業禁止が副業起業に対して大きな制約となっているということである。そしてもう一つは、勤務、副業、家庭生活における時間配分や仕事量などの調整に伴う問題も大きいということである。だとすれば、起業家自身の自己管理能力も重要だといえる。

　したがって、副業起業を促進するための課題としては、副業を禁止する社則の緩和など副業起業に関する環境を整備することが重要である。また、副業起業を希望する人にとっては自己管理能力を高めることが重要である。

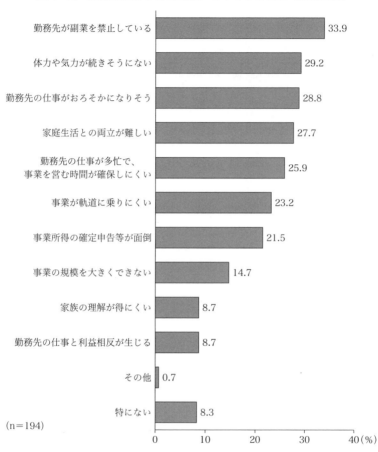

図4-13　副業起業をすると問題になりそうなこと（複数回答）

勤務先が副業を禁止している　33.9

体力や気力が続きそうにない　29.2

勤務先の仕事がおろそかになりそう　28.8

家庭生活との両立が難しい　27.7

勤務先の仕事が多忙で、
事業を営む時間が確保しにくい　25.9

事業が軌道に乗りにくい　23.2

事業所得の確定申告等が面倒　21.5

事業の規模を大きくできない　14.7

家族の理解が得にくい　8.7

勤務先の仕事と利益相反が生じる　8.7

その他　0.7

特にない　8.3

（n＝194）

0　　10　　20　　30　　40（%）

● 注記

* 1　本章で用いるデータの調査名が「起業と起業意識に関する調査」であることから、本章では「開業」「開業者」ではなく、「起業」「起業家（者）」という用語を原則として用いる。

* 2　なお、副業起業が注目されるようになった背景には、これらの政策だけではなく、インターネット上で単発の仕事を請け負うギグワーカーのように簡単に事業を受注できる環境になったこと、新型コロナウイルスによる働き方の変化もある。川上（2021）は、リモートワークによる可処分時間の増加や、コロナ禍によって大きな打撃を受けた企業が社員に対して副業を容認するようになったことなどが、副業をもつ人を増やす可能性があると指摘している。その一つの形態として副業起業も含まれるであろう。

* 3　使われる頻度は多くないが、ほかにも moonlighting entrepreneur という用語もある。

* 4　Reynolds et al.（2004）p.41

* 5　本章では「専業起業者」と称する（後述）。

* 6　本章では「専業移行者」と称する（後述）。

* 7　例えば、副業として起業する際に法人企業を設立した場合は、副業の「従業上の地位」が自営業主ではなく、雇用者（会社の役員）に含まれる。

* 8　2012 年から 2022 年までの変化を見ると、雇用者に占める副業に従事する人の割合（表 4-1 の c 欄）は 3.4％から 4.6％へと大きく高まっている。この背景には、2010 年代半ば以降に政府が副業を促進するようになったこと、2020 年のコロナ禍以降に企業が従業員の副業を容認する動きが進展していることがあげられる。ただし、副業が雇用者である割合（同 e 欄）が 1.8％から 2.8％へと 1.0 ポイント高まっているのに対して、農林業を副業とする人を除く自営業主（同 k 欄）は 0.7％から 1.0％へと 0.3 ポイントの増加にとどまっている。水準はまだ高くはないものの、この間の社会的変化を考えると、副業起業者は次第に増えていくことが見込まれる。

* 9　日本政策金融公庫総合研究所は「起業と起業意識に関する調査」を毎年継続的に実施しているが、2019 年調査からこの分類を変更・細分化している。

* 10　詳細調査における起業家、起業関心層、起業無関心層の性別・年齢階層別構成比は、実際の人口構成を反映している事前調査と比べて偏りが生じている。そこで、詳細調査の集計にあたっては、事前調査における性別・年齢別構成比に近似させるために、ウエイト値が設定されている。図 4-2、表 4-4 以降の図表では、ウエイト付けを行った集計を示す。ただし、n 値（サンプル数）は原数値を示した。

* 11　調査時点で、起業後の経過年数は平均 2.5 年である。

* 12　part-time entrepreneur から full-time entrepreneur へ移行する属性や理由を

分析した Firmino（2015）においても、起業時に従業者規模が大きい part-time entrepreneur ほど full-time entrepreneur に移行する確率が高いことを実証している。

＊13　副業起業者のうち副業継続者については、現在の職業である。起業直前の勤務先についても同様。

＊14　本書のほかの章では、業績を示す指標として予想（目標）月商達成率や（同業他社と比べた）業況などを用いているが、本章で用いたアンケートにはそれらの設問がない。

＊15　起業時の従業者が 1 人（本人のみ）の起業家ではこの割合が 33.3％であるのに対して、2〜4 人は 36.7％、5 人以上は 60.6％である。

＊16　起業時の従業者が 1 人（本人のみ）の起業家ではこの割合が 22.9％であるのに対して、2〜4 人は 28.8％、5 人以上は 49.0％である。

＊17　この点に関しては、panos et al.（2014）が、副業を保有する人は起業家への移行確率が高いことを実証している。

＊18　このデータは 2016 年に調査したものである。その後状況に変化が生じているかもしれない。そこで、2022 年に雇用者に対して勤務先の副業に関する制度について調査した内閣府（2022）のデータを見てみよう（回収数 10,056 人、うち雇用者 6,129 人）。それによると、副業が「許容されている」と回答した割合は 27.2％、「許容・禁止が曖昧である」が 9.0％、「例外的に許容される場合がある」が 10.9％、「禁止されている」が 32.9％、「制度を知らない・わからない」が 19.7％、「その他」が 0.2％である。「禁止されている」と回答した割合を企業規模別に見ると、2〜29 人は 17.1％、30〜299 人は 31.5％、300〜999 人は 37.2％、1,000 人以上は 43.4％である。したがって、雇用者ベースで見ると 2022 年時点においても「従業員 1,000 人以上の大企業では、特に副業・兼業の解禁が遅れている」（新しい資本主義実現会議　2022b、p.7）といえる。

　　ただし、企業ベースで見るとやや様相が異なる。労働政策研究・研修機構（2018）によると、「副業・兼業を許可している」と回答した企業の割合は 11.2％、「副業・兼業の許可を検討している」は 8.4％、「副業・兼業の許可する予定はない」は 75.8％、「無回答」は 4.6％である（回答企業数 2,260 社）。「副業・兼業の許可する予定はない」の割合を従業員規模別に見ると、99 人以下は 70.7％、100〜299 人は 77.8％、300〜999 人は 74.7％、1,000 人以上は 69.6％であり、規模別に特定の傾向は見受けられない。

　　さらに、日本経済団体連合会が 2022 年に会員企業に対して行った調査（回答企業数 275 社）によると、副業を「認めている」と回答した企業割合は 53.1％、「認める予定」が 17.5％、「検討していない」が 21.5％、「認める予定はない」は 8.0％である（日本経済団体連合会　2022）。「認めている」と回答

した企業割合を常用労働者数別に見ると、100人未満は31.6%、100〜300人未満は38.5%、300〜1,000人未満は44.4%、1,000〜5,000人未満は52.3%、5,000人以上は66.7%であり、規模が大きい企業ほど副業・兼業を認めている企業割合が高い。

第 5 章

新規開業企業の業績を
高める従業員はだれか

1 問題意識

　第1章から第4章までは、開業に必要な能力の獲得経路として開業者自身のさまざまな経験を取り上げた。開業者自身が獲得した能力が新規開業企業の業績を大きく左右すると考えられるからである。

　しかしながら、開業者には得意なこともあれば不得意なこともある。例えば、製品の開発には長けていても、売ることが苦手というケースである。この場合、どんなに画期的な製品を開発できたとしても、ボトルネックとなる販売能力によって新規開業企業の業績は決定する（高橋 2007）。したがって、開業者は不得意とする能力を補わなければならないだろう。その獲得経路として、本章では新規開業企業の従業員を取り上げる。

　一般的に、新規開業企業の従業員は少ない。開業時の従業者数（開業者自身を含む）は平均4人前後にすぎない（前掲表1-2参照）。少ない陣容で開業するのだから、相対的に多くの従業員を抱える既存企業と比べると、新規開業企業の業績に及ぼす従業員1人あたりの影響は相対的に大きくなるはずである。

　では、開業時にどのような従業員を採用した企業が良好な業績をあげているのだろうか。本章では、「だれが開業するのか」ではなく、「だれと開業するのか」に注目して分析を行う。

　本章の構成は次のとおりである。2節では、新規開業企業の従業員に注目した先行研究を紹介する。そして、それらを踏まえて仮説を提示する。3節では、正社員の採用経路によって企業を三つのタイプに類型化し、それぞれのタ

イプの属性や業績の違いを明らかにする。4節では、従業員が新規開業企業の業績に及ぼす影響を計量モデルによって確認する。5節では、業績の違いをもたらした要因を検討し、そして最後の6節で総括する。

2　先行研究と仮説

(1) 先行研究

　新規開業企業の従業員とそのパフォーマンスとの関係に注目した実証研究はあまり多くはない（Dahl and Klepper 2015）[1]。新規開業企業のパフォーマンスに従業員は影響を及ぼさないと考えられているからではなく、開業者と従業員とをマッチングしたデータセットが少ないからである（Dahl and Sorenson 2012）。以下で紹介する数少ない先行研究では、開業者と従業員とをマッチングしたデータセットを利用している。

　Choi et al.（2021）は、アメリカにおける給与や税などの複数の行政データを統合し、開業者と開業1年目に在籍した従業員とを紐付けしたデータベースを用い、創業チーム（開業者と開業1年目に在籍した従業員）が新規開業企業のパフォーマンスに対して正の相関関係が見られることを指摘している[2]。Ouimet and Zarutskie（2013）も同様に、アメリカの複数の行政データを統合したデータセットを用いて、企業の業歴と従業員年齢との関連を分析し、業歴と従業員年齢は正の相関にあること、若い従業員を採用した企業は、その後高い成長率を示していることを明らかにした。Coad et al.（2014）はスウェーデンにおける雇用主と雇用者のマッチングデータを用いて、高成長企業の雇用について分析している。その問題意識は、高成長企業はどのような雇用を生み出しているのか、ということである。

　本章の論旨と関連が深い先行研究として、以下の四つを紹介する。

　第1はSarada and Tocoian（2012）である。同論文は、ブラジルの雇用主・雇用者マッチングデータを用いて業歴6年までの新規開業企業のパフォーマンスと従業員の過去の経歴との関係を分析し、次の3点を指摘して

　いる。以前から一緒に働いていた人を開業時に従業員として雇用している企業
は、①存続率が高く、②平均賃金や従業員数で見た業績も良好であるが、③開
業から 3 年目までの平均賃金の伸び率は低い。

　第 2 は Dahl and Sorenson（2012）である。同論文は、デンマークの雇用
主・雇用者マッチングデータを開業者に対する調査にさらに紐付けしたデータ
セットを利用して、スピンオフ開業者[*3]が非スピンオフ開業者よりも良好な
パフォーマンスをあげている要因を探っている。その結果、スピンオフ開業者
は元同僚を従業員として多く採用していること、そして元同僚はその業界での
経験があることから、業界経験者を多く採用することによってスピンオフ開業
者は非スピンオフ開業者よりも存続率が高いことを示している。

　第 3 は Timmermans（2012）である。同論文は、デンマークの雇用主・雇
用者マッチングデータから、従業者 2 人（開業者と従業員 1 人）で開業した
企業を抽出し、前職で一緒に仕事をしたことがあるかどうか（つまり、元同僚
かどうかということ）とパフォーマンスとの関係を分析している。その結果、
従業員が元同僚であり、一緒に働いた期間が長いほど、新規開業企業の存続率
は高く、成長率も高くなることを実証した。

　第 4 は Wasserman（2012）である。開業前の開業者との関係ごとに創業
チームの安定性を分析すると、元同僚によるチームは著しく安定性が高いこと
を指摘している。また創業チームのメンバーの経歴が重なっていると、「お互
いのことがすでにある程度わかっているので、お互いのことを学ぶ段階を省略
できる」（邦訳書 p.141）という短期的なメリットがある半面、「人的資本が重
なりがちなので、強みが重複し、必須とされるスキルに欠けるチームになりや
すい」（同 p.143）という長期的リスクがあることも指摘している。

　国内では、「右腕」「パートナー」に注目した先行研究がある（中小企業庁
2003; 同 2005; 冨田 2000; 増田 2008; 山田 2005; 脇坂 1999; 同 2003 な
ど）。これらは、必ずしも社内の従業員だけを右腕やパートナーととらえてい
るわけではないが、右腕やパートナーの存在が総じて企業のパフォーマンスに
好影響を及ぼしているという結論を導いている。ただし、従業員規模別に分析

した脇坂（2003）、増田（2008）は、10人未満の小企業では右腕、パートナーの存在はパフォーマンスに対して有意な関係はないと指摘している。

(2) 仮説

　本章で注目するのは、どのような正社員が新規開業企業に良好な業績をもたらすのか、という点である。

　正社員を採用する際に問題となるのは、情報の非対称性である。企業が正社員として採用しようとしている人の能力を短時間で見きわめるのは容易ではない。例えば経験の有無や年数は分かったとしても、それだけで能力を正しく推し量ることは容易ではない。開業者について第1章で見たことと同様に、経験の長さだけではなく、経験の質も重要だからだ。だからといって、新規開業企業が大企業のように事前に入念な選抜を行うことは難しい。

　また、たとえ十分な能力を備えていたとしても、小さな企業で一緒に仕事をするのだから、開業者と気が合うかどうかも重要なことである。しかしそれは、実際に一緒に仕事してみなければなかなか分からない。

　逆に求職者にとっても、どのような企業なのか情報が乏しい新規開業企業には入社をためらいがちである。

　このような情報の非対称性を克服するために、開業者は知り合いやその紹介など、縁故を用いて従業員を採用するケースは少なくない。縁故採用であれば互いに相手の情報がある程度分かっており、情報の非対称性が小さいからである。このように考えると、新規開業企業にとっては正社員の採用経路がより重要な意味をもつだろう。

　そこで以下では、正社員をその採用経路をもとに、①開業者の前勤務先の上司・同僚・部下、②開業者の友人・知人、③一般採用の三つのタイプに分けて、新規開業企業の業績との関係を分析する。

　前勤務先で一緒に仕事をしていれば、相手の能力や人柄などはあらかじめ見当がつくので、情報の非対称性は①が最も小さく、採用するまでそうした機会が乏しい③が最も大きい。したがって、新規開業企業にとって望ましいのは、

表 5-1　「新規開業実態調査」（2008 年）の調査要領

（調査時点）	2008 年 8 月
（調査対象）	日本政策金融公庫（国民生活事業）が 2007 年 4 月から同年 9 月にかけて融資した企業のうち、融資時点で開業後 1 年以内の企業（開業前の企業を含む）7,222 社。
（調査方法）	郵送、無記名によるアンケート
（有効回答数）	1,918 社（有効回答率 26.6%）

資料：日本政策金融公庫総合研究所「新規開業実態調査」（2008 年）（特に断らないかぎり、以下同じ）

前勤務先の上司・同僚・部下であろう。これが本章の仮説である。

3　正社員のタイプ別に見る新規開業企業の特徴

（1）新規開業企業のタイプ分け

　まず正社員の採用経路をもとに、新規開業企業のタイプ分けを行う。ここで用いるデータは、日本政策金融公庫総合研究所「新規開業実態調査（2008年）」である（表 5-1）。開業から平均 15.1 カ月経過した時点の調査である。

　調査対象企業のうち、開業時に正社員がいない企業は 56.0%、正社員がいる企業は 44.0% である（図 5-1 ①）。

　正社員がいない企業について内訳を見ると、開業者のみの企業が 41.3% を占め、家族従業員がいる企業が 37.8%、パート・アルバイトがいる企業が 31.7%、派遣社員・契約社員がいる企業が 4.0% である（同②）。

　また正社員がいる企業について、採用経路別に正社員を分類すると、「前勤務先の部下」がいる企業の割合が最も高く 44.4% を占める（同③）。次いで、「求人広告の応募者やハローワークの斡旋者」が 15.8%、「前勤務先の同僚」が 14.2%、「個人的な友人・知人」が 12.5%、「仕事を通じて知り合った友人・知人」が 12.0% と続く。これらを①前勤務先の上司・同僚・部下（以下「部下等」）、②友人・知人（同「友人等」）、③求人活動するまで知らなかった人（同「一般採用者」）にタイプ分けすると、前勤務先の部下等がいる企業割合は 57.2% と半数を超え、友人等は 30.3%、一般採用者は 28.9% となる[*4]。

図5-1　開業時の従業者の構成

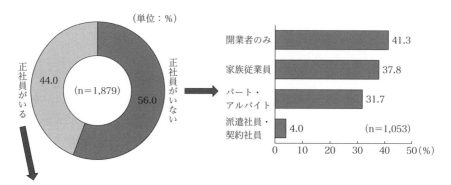

①正社員の有無

（単位：%）

正社員がいる　44.0
（n=1,879）
正社員がいない　56.0

②正社員がいない企業の従業者の構成（複数回答）

開業者のみ　41.3
家族従業員　37.8
パート・アルバイト　31.7
派遣社員・契約社員　4.0
（n=1,053）

③正社員がいる企業の正社員の構成（採用経路別、複数回答）

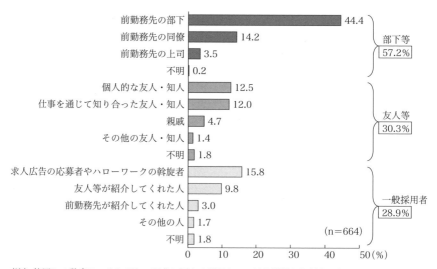

前勤務先の部下	44.4
前勤務先の同僚	14.2
前勤務先の上司	3.5
不明	0.2

部下等 57.2%

個人的な友人・知人	12.5
仕事を通じて知り合った友人・知人	12.0
親戚	4.7
その他の友人・知人	1.4
不明	1.8

友人等 30.3%

求人広告の応募者やハローワークの斡旋者	15.8
友人等が紹介してくれた人	9.8
前勤務先が紹介してくれた人	3.0
その他の人	1.7
不明	1.8

一般採用者 28.9%

（n=664）

（注）枠囲みの数字は、それぞれの区分に属する項目を一つ以上選択した割合である。

　図5-2は、開業時における正社員の有無と採用経路別に新規開業企業の構成を見たものである。従業員の内訳が明らかな企業1,717社のうち、正社員がいない企業（図5-2の部分集合A）が1,053社、正社員がいる企業（同B

図 5-2　正社員の有無と正社員の採用経路別に見た新規開業企業の構成（開業時）

（単位：社）

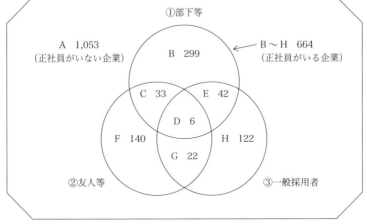

A〜Hの合計　1,717

〜H）は 664 社である。正社員がいる企業のなかには、①部下等、②友人等、
③一般採用者のいずれか二つ、またはすべてが混在する企業（同 C、D、E、
G）103 社が存在する。

　以下では開業者のうち、部下等を採用した企業（同 B〜E の 380 社）を「部
下等採用型」、友人等を採用した企業（同 C、D、F、G の 201 社）を「友人
等採用型」、一般採用者を採用した企業（同 D、E、G、H の 192 社）を「一
般採用型」に類型化する。ただし、これらの 3 類型には異なるタイプの正社
員を同時に採用している企業がそれぞれに重複して集計されることに留意する
必要がある[5]。

　なお、それぞれの類型における正社員の構成は前掲図 5-1 ③のとおりであ
る。部下等採用型の多くは「前勤務先の部下」を採用しており、「前勤務先の
上司」だった人を採用している企業は少ない。友人等採用型は、「個人的な友
人・知人」、「仕事を通じて知り合った友人・知人」を採用している企業が多
い。一般採用型は「求人広告の応募者やハローワークの斡旋者」が半数以上を

図5-3 開業者の開業年齢

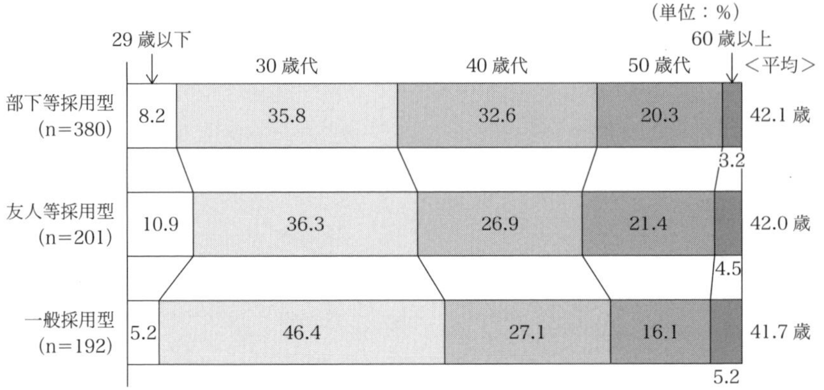

(単位：%)

29歳以下　30歳代　40歳代　50歳代　60歳以上　＜平均＞

	29歳以下	30歳代	40歳代	50歳代	60歳以上	＜平均＞
部下等採用型 (n=380)	8.2	35.8	32.6	20.3	3.2	42.1歳
友人等採用型 (n=201)	10.9	36.3	26.9	21.4	4.5	42.0歳
一般採用型 (n=192)	5.2	46.4	27.1	16.1	5.2	41.7歳

（注）本文に記載のとおり、上記の3類型には重複して集計されている企業が存在する（以下同じ）。

占め、「友人等が紹介してくれた人」がそれに次ぐ。

(2) 開業者の属性

　まず、それぞれの類型別に開業者の属性を見ていこう。

　図5-3は開業者の開業年齢を見たものである。一般採用型の開業者では30歳代の割合が高いことが目立つものの、分布には一定の傾向が見られない。平均年齢も41～42歳と大きな違いはない。開業年齢は類型間で大きな差はないといえるだろう。

　開業直前の職業を見ると、部下等採用型では「会社等の常勤役員」が23.7%、「正社員（管理職）」が50.8%、と、友人等採用型（それぞれ19.9%、32.8%）、一般採用型（同15.6%、42.7%）を大きく上回る（図5-4）。常勤役員あるいは管理職として部下を使う立場にあったことが、前勤務先の部下の採用につながっている。

　直前の職業が勤務者であった者について前勤務先の従業員規模を見ると、部下等採用型では10～99人規模の企業に勤務していた割合が53.7%を占め、友人等採用型（47.7%）、一般採用型（47.5%）を上回っている（図5-5）。従

図5-4　開業直前の職業

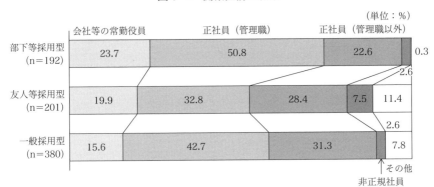

（単位：％）

（注）「その他」は「家族従業員・家業手伝い」「学生」「専業主婦・主夫」「その他」の回答を合算したものである。

図5-5　前勤務先の従業員規模

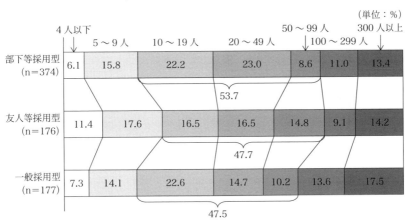

（単位：％）

（注）開業直前の職業が「会社等の常勤役員」、「正社員（管理職）」、「正社員（管理職以外）」、「非正規社員」、「家族従業員・家業手伝い」と回答した企業に対する設問である。

業員規模がきわめて小さな企業に勤めている場合には同僚や部下が少ないこと、しかし規模が大きな企業だと、同僚や部下が退職してあえて小さな新規開業企業に勤めるケースが少ないことから、両者の中間である10〜99人規模の企業に勤務していた割合が相対的に高くなっているものと思われる。

図 5-6　開業者の斯業経験年数

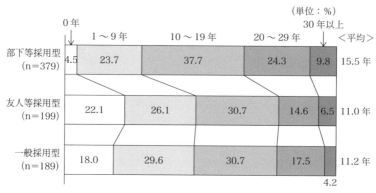

(注) 1　図 5-5 の注と同じ。
　　　2　斯業経験とは、現在の事業に関連する仕事の経験である。

　斯業経験年数（現在の事業に関連する仕事の経験年数）を見ると、「0 年」
（斯業経験なし）の割合は部下等採用型では 4.5% にすぎず、友人等採用型
（22.1%）、一般採用型（18.0%）よりも明らかに少ない（図 5-6）。また斯業
経験年数の平均は、部下等採用型が 15.5 年と、友人等採用型（11.0 年）、一
般採用型（11.2 年）と比べて長い。部下等採用型は、斯業経験を生かせる事
業を始めているからこそ、同じ職場にいた部下等を採用できるのである。部下
等にとっても、今までの勤務経験を生かせるので転職に踏み切りやすい。また
開業者の斯業経験が長いので開業しても失敗することはないだろうと考えて、
部下等が転職に踏み切りやすいという側面もあるものと思われる。
　図 5-7 は、開業直前の勤務先からの離職形態を見たものである。いずれの
類型でも、「自らの意思による退職」と回答した企業割合が最も高い。しか
し、「勤務先の都合による退職」が部下等採用型では 21.8% と、他の類型と比
べて相対的に高い。実際に、勤務先のリストラに伴い、部下を引き連れて開業
するといったケースが少なくない[6]。女性向けのブランド衣料を欧米から輸
入・販売する企業が、株主である大手商社の意向によって清算することにな
り、役員を務めていた人が優秀な部下を引き連れて開業したケースは、その典

図 5-7　開業直前の勤務先の離職形態

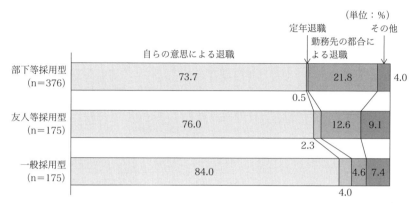

(注)　1　図 5-5 の注と同じ。
　　　2　「勤務先の都合による退職」は「事業部門の縮小・撤退による退職」「勤務先の倒産に伴う退職」「勤務先の廃業に伴う退職」「解雇」の回答を合算したものである。

型例である（後掲事例 2 参照）。

（3）開業企業の属性

　次は開業企業の属性である。

　業種を見てみよう（表 5-2）。部下等採用型で相対的に構成比が高いのは、事業所向けサービス業（18.4％）、建設業（12.9％）である。主として事業所を対象とする業種である。

　事業所向けサービス業を小分類業種で見ると、税理士事務所（9 社）、広告代理業（7 社）、デザイン業（6 社）が上位を占める。いずれも専門知識を必要とし、個々の担当者が顧客を抱えることが多い。これらの業種では、顧客を引き継いで部下等とともに独立するケースが少なくないものと思われる[7]。事業所を主たる顧客とする卸売業も同様であろう。

　一方、友人等採用型では建設業（13.4％）、小売業（11.9％）、飲食店・宿泊業（11.4％）の構成比が相対的に高い。

　一般採用型では医療・福祉（30.7％）、個人向けサービス業（15.6％）[8]、教

表 5-2　開業企業の業種

（単位：％）	部下等採用型 （n = 380）	友人等採用型 （n = 201）	一般採用型 （n = 192）	全体 （n = 664）
建設業	12.9	13.4	4.7	10.1
製造業	4.7	3.0	2.6	3.9
情報通信業	5.3	5.0	5.2	5.0
運輸業	2.4	2.5	2.1	2.0
卸売業	9.2	7.5	4.2	7.7
小売業	9.7	11.9	5.7	9.8
飲食店・宿泊業	7.1	11.4	9.4	9.0
医療・福祉	12.4	17.9	30.7	17.3
教育・学習支援業	1.1	0.0	4.2	1.7
個人向けサービス業	11.1	9.0	15.6	12.2
事業所向けサービス業	18.4	11.9	12.0	15.8
不動産業	5.3	5.5	3.6	5.0
その他	0.5	1.0	0.0	0.6
特掲区分　消費者向けの業種	48.4	58.7	69.3	56.6
事業所向けの業種	51.6	41.3	30.7	43.4
合計	100.0	100.0	100.0	100.0

(注) 1　「全体」は正社員がいる企業である（図 5-2 の部分集合 B〜H）。
　　 2　網掛けは「全体」よりも構成比が 2 ポイント以上高い業種である。

育・学習支援業（4.2％）の構成比が相対的に高い。主として一般消費者を対象とする業種である。不特定多数の消費者を顧客とするので、事業所向けの業種のように顧客を抱える従業員を採用するのではなく、一般採用でも間に合う。また、看護師や介護福祉士、美容師など有資格者を従業員にしなければならない業種が多く、開業者の縁故だけでは有資格者をなかなか採用しにくいことから、募集や紹介などによって広く採用する企業が多いものと思われる。

　小分類業種をもとに事業所向けの業種と一般消費者向けの業種に大別すると、部下等採用型は事業所向けの業種の割合が 51.6％ と、友人等採用型（41.3％）、一般採用型（30.7％）と比べて明らかに高い。

　開業企業の従業者数を見ると、一般採用型では相対的に規模の大きな企業が多く、平均従業者数は 6.9 人であるのに対して、部下等採用型は 5.9 人、友人

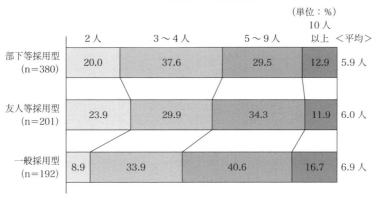

図 5-8　開業時の従業者数

(注) 従業者数には経営者本人、家族従業員、パート・アルバイト、契約社員・派遣社員を含む。

等採用型は 6.0 人とやや規模が小さい（図 5-8）。

　ここまでは類型別に開業者と企業の属性を見てきた。その結果をまとめる
と、それぞれの類型の典型は次のような企業だといえるだろう。
　まず部下等採用型は、ある程度長い斯業経験を積んだ中小企業の管理職が、
前勤務先の部下を伴って開業した企業である。多くは自らの意思によって勤務
先を離職しているが、勤務先の倒産・廃業、リストラ等勤務先の都合によって
退職した者も少なくない。事業内容は主として事業所向けの業種である。
　友人等採用型は、相対的に斯業経験が短い開業者が、個人的な友人・知人、
あるいは仕事を通じて知り合った友人・知人とともに、小売業や飲食店を中心
とする一般消費者向けの業種で開業した企業が多い。
　一般採用型は、相対的に斯業経験が短い開業者が医療・福祉や個人向けサー
ビス業などを中心とする一般消費者向けの業種で開業し、求人広告やハロー
ワーク、知り合いの紹介などを通じて有資格者を採用している企業が多い。

(4) 開業後の業績
　では、開業後の業績はそれぞれの類型によって違いはあるのだろうか。ここ

図5-9　目標月商達成率

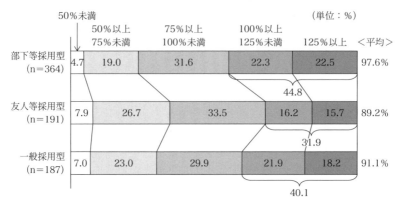

（注）1　目標月商達成率とは、開業前に目標としていた月商（1か月の売上高）に対する調査時点の月商の比率である。
　　　2　異常値を排除するために、目標月商達成率は平均値±（3×標準偏差）の範囲内で集計した。表5-3、表5-4、表5-5も同じ。

では新規開業企業の業績を示す指標として、調査時点における目標月商達成率、採算状況、同業他社と比べた業況感の三つを利用する。

　目標月商達成率とは、開業前に目標としていた月商（1か月の売上高）に対する調査時点の月商の比率である[9]。目標月商達成率が100％以上の企業、つまり目標月商を達成した企業の割合を見ると、友人等採用型で31.9％、一般採用型で40.1％であるのに対して、部下等採用型は44.8％と高い（図5-9）。目標月商達成率の平均を見ても、部下等採用型は97.6％と、友人等採用型（89.2％）、一般採用型（91.1％）を上回る。

　調査時点の採算状況についても、部下等採用型は黒字基調の企業割合が71.2％と、友人等採用型（61.1％）を上回るものの、一般採用型（71.7％）と同水準である（図5-10）。

　同業他社と比べた業況感は、開業者による自己評価である。業況が同業他社より「良い」または「やや良い」と回答している企業の割合は、部下等採用型が66.8％と、友人等採用型（54.4％）、一般採用型（61.6％）を上回っている（図5-11）。

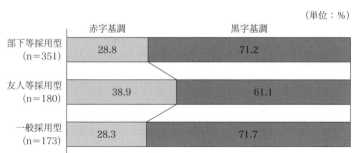

図 5-10　調査時点の採算状況

(単位：％)

	赤字基調	黒字基調
部下等採用型 (n=351)	28.8	71.2
友人等採用型 (n=180)	38.9	61.1
一般採用型 (n=173)	28.3	71.7

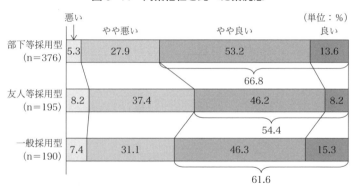

図 5-11　同業他社と比べた業況感

悪い　　　　　　やや悪い　　　　やや良い　　　　　　良い　(単位：％)

	悪い	やや悪い	やや良い	良い
部下等採用型 (n=376)	5.3	27.9	53.2	13.6
友人等採用型 (n=195)	8.2	37.4	46.2	8.2
一般採用型 (n=190)	7.4	31.1	46.3	15.3

66.8
54.4
61.6

　三つの指標を見るかぎり、前勤務先の部下等を採用することが良好な業績に結び付くといえそうである。ただし、先述のとおり、3類型には異なるタイプの正社員を同時に採用している企業がそれぞれに重複して集計されている。また、業績に影響を及ぼす要因は複数のものが絡み合っている。そこで、次節では計量モデルをもとに従業員と業績との関係を探ることにしたい。

4 計量モデルによる業績の分析

（1）被説明変数

　被説明変数は業績を示す指標である。先にあげた目標月商達成率、採算状況、同業他社と比べた業況の三つを用いる（表5-3）。採算状況は黒字基調を1とするダミー変数、同業他社と比べた業況は「良い」を4、「やや良い」を3、「やや悪い」を2、「悪い」を1とするカテゴリー変数である。いずれの被説明変数も値が大きいほど業績が良好であることを意味する。したがって、説明変数の係数が正の符号であれば、業績と正の相関があることになる。

（2）説明変数

　説明変数は大きく四つのグループに分かれる（前掲表5-3）。

　第1は事業内容である。業種、フランチャイズチェーン（FC）加盟状況、事業の新規性を説明変数として採用した。業種は13業種ごとにダミー変数を作成した。FC加盟状況は、加盟している場合を1とするダミー変数、事業の新規性は、既存企業と比べて自社の事業内容に新しい点があると自己評価している場合を1とするダミー変数である。

　第2は人的資本に関する変数である。開業者自身については、性別、開業時の年齢、最終学歴、斯業経験年数を説明変数として採用した。

　もう一つの人的資本は、本章が注目する従業員である。開業時の従業者数のほかに、採用経路別に分類した正社員に関する類型（3分類およびその内訳の11分類の2通り）、家族従業員の有無を説明変数として採用した。従業者数が従業員の量的側面であるのに対して、正社員に関する類型は従業員の質的側面を表す。2節で述べた仮説が正しければ、部下等採用型は業績に対して正の相関関係にあることが予想される。

　第3は資金である。ここでは開業時の資金調達額を説明変数とした。より多くの資金を開業時に準備できれば、高性能の設備を導入したり、より良い立

表 5-3　推計に利用する変数

変　数			平均値	標準偏差	観測数
業績	目標月商達成率（％）		93.3	46.6	1,819
	採算状況（黒字基調＝ 1、赤字基調＝ 0）		0.669	0.471	1,699
	同業他社と比べた業況 （良い＝ 4、やや良い＝ 3、やや悪い＝ 2、悪い＝ 1）		2.671	0.806	1,868
事業内容	業種（13 分類）		（省略）		1,915
	フランチャイズチェーン加盟状況（加盟＝ 1、非加盟＝ 0）		0.060	0.238	1,910
	事業の新規性（あり＝ 1、なし＝ 0）		0.664	0.473	1,899
人的資本	開業者	性別（女性＝ 1、男性＝ 0）	0.155	0.362	1,918
		開業時の年齢（単位：歳）	41.5	10.0	1,918
		最終学歴　中学・高校（該当＝ 1、非該当＝ 0）	0.409	0.492	1,900
		高専、専修・各種学校（同上）	0.212	0.409	1,900
		短大・大学・大学院（同上）	0.379	0.485	1,900
		斯業経験年数（年）	12.3	9.7	1,890
	開業時の従業員	開業時の従業員数（人）	4.1	5.3	1,879
		部下等採用型（該当＝ 1、非該当＝ 0）	0.221	0.415	1,717
		前勤務先の上司	0.013	0.115	1,716
		前勤務先の同僚	0.054	0.228	1,716
		前勤務先の部下	0.172	0.377	1,716
		友人等採用型（該当＝ 1、非該当＝ 0）	0.117	0.322	1,717
		仕事を通じて知り合った友人・知人	0.047	0.212	1,705
		個人的な友人・知人	0.049	0.215	1,705
		親戚	0.018	0.134	1,705
		その他の友人・知人	0.005	0.072	1,705
		一般採用型（該当＝ 1、非該当＝ 0）	0.112	0.315	1,717
		前勤務先が紹介してくれた人	0.012	0.108	1,705
		友人等が紹介してくれた人	0.038	0.192	1,705
		求人広告の応募者やハローワークの斡旋者	0.062	0.240	1,705
		その他の人	0.006	0.080	1,705
		家族従業員の有無（あり＝ 1、なし＝ 0）	0.345	0.476	1,879
資金	資金調達額（万円）		1404.8	2396.1	1,792
その他	開業後の経過月数（月）		15.1	5.4	1,918
	開業の準備に要した月数（月）		7.6	13.3	1,841

地に店舗を構えたりできる。あるいは、増加運転資金として売上増加に備えることもできる。その結果、目標月商を達成したり、良好な業況をあげたりできる時期が早まるだろう。したがって、資金調達額は業績に対して正の相関関係にあることが予想される[*10]。

第4はその他の変数である。事業を軌道に乗せるまでにはある程度時間がかかることから、開業後の経過月数をコントロールする。また、開業の準備に時間をかけ計画の完成度を高めることで事業を軌道に乗せやすくなると考えられることから、開業の準備に要した月数も用いる。

(3) 推計結果

推計結果は表5-4のとおりである。推計①は目標月商達成率を被説明変数とし、従業員に関する説明変数として従業者数を用いたものである。推計②は、推計①に正社員の類型（3分類）と家族従業員の有無を説明変数に加え、従業員の質的側面が与える影響を見ている。推計③は推計②の正社員の類型（3分類）の代わりに、その内訳の11分類を加えた。推計④は推計③の被説明変数を採算状況に代えたものである。同様に、推計⑤は推計③の被説明変数を同業他社と比べた業況に代えたものである。

本章で注目する従業員に関して、まず推計①〜③を見ていこう。

推計①で従業者数を見ると、係数は有意に正の値となっている。従業者が多ければ業績は良好だといえる。推計②および推計③でも同様である。

推計②において、質的側面で有意な係数をとるのは、部下等採用型である。また推計③を見ると、「前勤務先の上司」は有意に負の係数となっている。前勤務先で一緒に働いていたとはいえ、元上司を採用すると業績に悪影響を及ぼすおそれがある。一方、「前勤務先の部下」は有意に正の係数である。元部下を採用すると業績は良好になるといえそうだ。友人等や一般採用に関しては、有意な関係にある説明変数はない。

さらに、目標月商達成率の代わりに採算状況を被説明変数にした推計④、同業他社と比べた業況を被説明変数にした推計⑤においても、「前勤務先の部下」

は有意に正の係数となっている。一方、「前勤務先の上司」については推計④、推計⑤でも係数は負の値であるが、有意ではない。

以上の結果から、当初の仮説どおり、前勤務先の部下等、とりわけ部下を採用すると、良好な業績を得られるといえる。ではなぜそうなるのか。部下等採用型が良好な業績を得られる要因について、次節で事例を交えながら検討する。

5 開業後の業績を左右する要因

なぜ前勤務先の部下等、とりわけ部下を開業時に採用すれば、開業直後の業績は良いのか。部下等を採用するメリット、デメリットについて見ていこう。

（1）前勤務先の部下等を採用するメリット
前勤務先の部下等を採用するメリットは五つ指摘できる。

① 経験者を採用しやすい
第1のメリットは、部下等採用型は経験者を採用しやすいことである。部下等採用型の開業者の多くは斯業経験の長い分野で開業しており、それに伴って当然、一緒に働いていた部下等も斯業経験を有しているだろう。正社員が斯業経験を有しているかどうかを見ると、部下等採用型のうち84.5%の企業では部下等が斯業経験を有しており、友人等採用型（友人等が斯業経験を有している企業割合は68.8%）、一般採用型（一般採用者が斯業経験を有している企業割合は66.2%）と比べて明らかに高い（図5-12）。

例えば、ある建設会社で通信設備の設置業務を担当し、その後部下とともに同業務で開業した経営者は、「開業したばかりの企業が外部から4人もの経験者を集めるのは難しい。しかも、実際に使ってみないと能力は分からない。その点、当社は経験豊富な部下を引き連れて開業することができたので、不安はなかった」と語る。

表5-4　推計結果

分析手法			推計①〜③：最小二乗法 推計④：プロビット分析 推計⑤：順序プロビット分析		推計①	
					係数	標準誤差
被説明変数					目標月商達成率	
説明変数	事業内容	業種（13分類）			（記載省略）	
		フランチャイズチェーン加盟状況			−2.659	3.647
		事業の新規性			4.860	1.920 **
	人的資本	開業者	性別		−1.826	2.554
			開業時の年齢		−0.487	0.112 ***
			最終学歴	中学・高校	（参照変数）	
				高専、専修・各種学校	1.009	2.434
				短大・大学・大学院	0.469	2.301
			斯業経験年数		0.659	0.111 ***
		開業時の従業員	従業者数		0.472	0.133 ***
			部下等採用型			
				前勤務先の上司		
				前勤務先の同僚		
				前勤務先の部下		
			友人等採用型			
				仕事を通じて知り合った友人・知人		
				個人的な友人・知人		
				親戚		
				その他の友人・知人		
			一般採用型			
				前勤務先が紹介してくれた人		
				友人等が紹介してくれた人		
				求人広告の応募者やハローワークの斡旋者		
				その他の人		
			家族従業員			
	資金	資金調達額（対数）			1.544	1.119
	その他	開業後経過月数			0.299	0.270
		開業の準備に要した月数			0.136	0.074 *
定数項					77.108	9.360 ***
（疑似）決定係数					0.068	
観測数					1,589	

(注)　1　標準誤差欄の * は有意水準10%、** は同5%、*** は同1%を示す。
　　　2　推計①のVIFの最大値は1.88（不動産業ダミー）、推計②は2.02（同）、推計③は2.03（同）、推計④は2.04（同）、推計⑤は2.04（同）であり、説明変数間の多重共線性は検出されなかった。

推計②		推計③		推計④		推計⑤	
係数	標準誤差	係数	標準誤差	係数	標準誤差	係数	標準誤差
目標月商達成率		目標月商達成率		採算状況		同業他社と比べた業況	
(記載省略)		(記載省略)		(記載省略)		(記載省略)	
−2.166	3.999	−2.360	4.098	0.071	0.163	0.063	0.130
4.826	2.011 **	4.204	2.040 **	0.050	0.077	0.321	0.059 ***
−1.210	2.747	−0.851	2.787	0.082	0.111	0.190	0.085 **
−0.462	0.119 ***	−0.454	0.118 ***	−0.016	0.004 ***	−0.020	0.004 ***
(参照変数)		(参照変数)		(参照変数)		(参照変数)	
1.292	2.545	1.605	2.560	0.100	0.103	−0.001	0.075
0.064	2.421	0.670	2.444	−0.035	0.086	0.021	0.071
0.614	0.122 ***	0.607	0.124 ***	0.017	0.004 ***	0.013	0.004 ***
0.374	0.143 ***	0.425	0.145 ***	0.014	0.010	0.009	0.005 *
6.573	2.527 ***						
		−23.320	5.502 ***	−0.067	0.335	−0.221	0.230
		5.221	4.047	−0.002	0.160	0.152	0.114
		9.894	2.855 ***	0.218	0.103 **	0.231	0.080 ***
−1.389	3.055						
		−0.530	4.947	−0.206	0.174	−0.094	0.136
		0.574	5.071	−0.320	0.168 *	−0.145	0.140
		−7.561	4.649	−0.086	0.257	−0.167	0.202
		2.911	5.571	−0.298	0.516	−0.216	0.189
−0.863	3.311						
		−9.148	6.301	0.028	0.377	0.121	0.223
		8.636	5.840	0.529	0.227 **	0.396	0.187 **
		−4.853	4.180	−0.059	0.161	−0.198	0.122
		−2.679	9.983	0.130	0.488	0.217	0.479
1.780	2.084	2.100	2.097	0.056	0.080	0.105	0.062 *
1.093	1.250	1.118	1.281	−0.076	0.042 *	0.028	0.035
0.428	0.296	0.422	0.306	0.012	0.007 *	0.017	0.007 **
0.146	0.078 *	0.155	0.079 **	0.001	0.003	0.001	0.002
75.869	10.187 ***	74.588	10.492 ***	0.813	0.354 **	—	
0.075		0.087		0.050		0.037	
1,454		1,436		1,370		1,469	

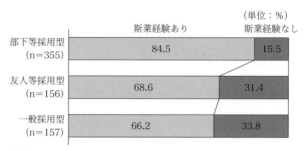

図5-12　正社員の斯業経験の有無

(単位：%)

斯業経験あり　　　　　　斯業経験なし

部下等採用型
(n=355)　　　　84.5　　　　　　15.5

友人等採用型
(n=156)　　　　68.6　　　　　31.4

一般採用型
(n=157)　　　　66.2　　　　　33.8

(注)　1　現在も働いている正社員の斯業経験を尋ねた設問である。
　　　2　「部下等採用型」では部下等の斯業経験の有無、「友人等採用
　　　　型」では友人等の斯業経験の有無、「一般採用型」では一般採
　　　　用者の斯業経験の有無を尋ねている。

②　能力を熟知している

　第2のメリットは、仮説でも述べたように、一緒に働いていたからこそ、
開業者は部下等の能力を判断できることだ。しかも、たんなる経験の長さだけ
では推し量りにくい能力の水準までも分かっている。とりわけ部下については
開業者が勤務時に直接指導などをしていたことから、その能力は十分に熟知し
ている。先に見た推計で、「上司」や「同僚」と比べて、「部下」が開業直後の
業績に対して有意な正の相関関係を示しているのはこのためだろう。

　例えば、大手メーカーに勤務していたときにある素材の研究プロジェクトを
率い、その後同じ分野で開業した経営者は、「自分が使った部下だからこそ、
どんな分野に興味をもっているのか、どのような仕事に適性があるのか、能力
はどの程度の水準なのかといったことをよく知っていた。そうした情報をもと
に、開業時に声をかける部下を選んだ」と語る。

　開業者が正社員を採用した理由を見ると、部下等採用型では「経験がある」
ことと「能力が高い」ことをあげる企業割合がそれぞれ64.8%、56.6%と高
い（図5-13）。しかもこれらの回答割合は、友人等採用型（それぞれ
51.6%、41.1%）、一般採用型（同44.4%、25.3%）を上回っている。とくに
「能力が高い」ことをあげる割合は、ほかの類型よりも明らかに高い。部下等

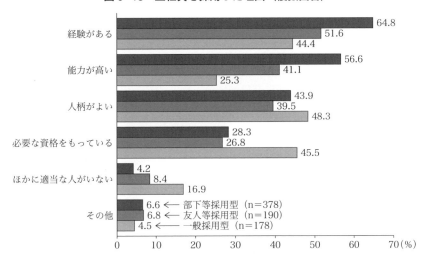

図5-13　正社員を採用した理由（複数回答）

採用型の開業者は部下等の能力を熟知していたからこそ、能力の高さを採用時の判断理由とできるのである。

　なお、「必要な資格をもっている」ことをあげる割合は一般採用型で高い。これは先述のとおり、求人広告やハローワーク、知り合いの紹介などを通じて介護福祉士などの有資格者を採用していることを裏付けている。

　以上のように、能力を熟知している者を正社員として採用しやすい結果、部下等採用型では従業員の質的側面に関する充足度は高い。図5-14は従業員の数と従業員のスキルについて開業時の充足度を見たものである。従業員の数については、「十分」「どちらかというと十分」と回答した開業者の割合の合計はいずれのタイプも70％前後で大きな差はない（図5-14①）。一方、従業員のスキルについては、部下等採用型が73.4％にのぼり、友人等採用型の54.5％、一般採用型の50.8％を大幅に上回る（同②）。友人等採用型および一般採用型は、従業員の量的側面には充足していた企業が多い半面、質的側面については相対的に充足度が低い。それに対して、部下等採用型はいずれの側面も充足度が高いのである。

図5-14 開業時の充足度

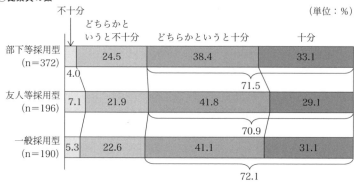

①従業員の数

(単位：%)

	不十分	どちらかというと不十分	どちらかというと十分	十分
部下等採用型 (n=372)	4.0	24.5	38.4	33.1
友人等採用型 (n=196)	7.1	21.9	41.8	29.1
一般採用型 (n=190)	5.3	22.6	41.1	31.1

71.5

70.9

72.1

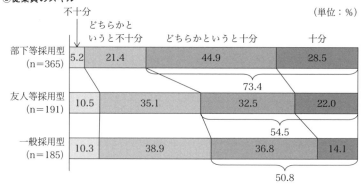

②従業員のスキル

(単位：%)

	不十分	どちらかというと不十分	どちらかというと十分	十分
部下等採用型 (n=365)	5.2	21.4	44.9	28.5
友人等採用型 (n=191)	10.5	35.1	32.5	22.0
一般採用型 (n=185)	10.3	38.9	36.8	14.1

73.4

54.5

50.8

　表5-5は、目標月商達成率を正社員の斯業経験の有無別に見たものである。部下等採用型は部下等に斯業経験がない場合、目標月商達成率の平均は83.1%にすぎないが、部下等に斯業経験がある場合は102.0%と高い（表5-5の「全体」欄）。平均値の差の検定を行うと、1%水準で有意に差がある。友人等採用型でも友人等に斯業経験がある場合は94.7%と、斯業経験がない場合の87.6%と比べて高水準ではあるが、有意性は乏しい。また、一般採用型は斯業経験の有無によって大きな差が生じていない。

　第1章で述べたとおり、開業者自身の斯業経験も目標月商達成率に正の相関がある[11]。部下等採用型の開業者が斯業経験を有している割合は、友人等

表5-5　正社員の斯業経験有無別に見た目標月商達成率（平均）

（単位：%）

	全体			開業者の斯業経験あり		
		正社員の斯業経験			正社員の斯業経験	
		あり	なし		あり	なし
部下等採用型	n = 341	102.0	83.1	n = 326	101.8	87.6
		＊＊＊			＊＊＊	
友人等採用型	n = 149	94.7	86.7	n = 115	94.6	90.4
一般採用型	n = 153	92.9	94.7	n = 124	93.2	98.2

(注)　1　下段は目標月商達成率の平均値の差の有意水準である。＊は10%水準、＊＊は5%水準、＊＊＊は1%水準を示す。
　　　2　図5-12の注2と同じ。

採用型、一般採用型と比べて明らかに高かった（前掲図5-6）。したがって、上で見た目標月商達成率の差は、開業者の斯業経験の違いによってもたらされたのかもしれない。そこで、開業者が斯業経験を有している場合に限定して、正社員の斯業経験の有無別に目標月商達成率を見ると、やはり部下等採用型では部下等が斯業経験を有しているほうが明らかに高い（表5-5の「開業者の斯業経験あり」欄）。一方で、友人等採用型、一般採用型では目標月商達成率は大きな差が生じていない[*12]。

　正社員の斯業経験の有無別に目標月商達成率を見ると、本来ならば斯業経験があるケースのほうが斯業経験のないケースよりも目標月商達成率が上回っているはずだ。しかし、友人等採用型および一般採用型では正社員の斯業経験の有無別で大きな差が生じていない。これは、開業者が斯業経験だけでは採用候補者の能力の水準などが見きわめにくいからだと考えられる。一方、部下等採用型では、開業者は従業員の斯業経験の有無だけではなく能力までも熟知していることから、目標月商達成率に明らかな差が生じている。つまり、情報の非対称性をある程度克服できていると考えられる。

③ 取引先の確保が容易

　第3のメリットは、従業員を通じて取引先を確保しやすいことである。先に見たように、部下等採用型の開業者のほとんどが斯業経験を有しており、開業業種は事業所向けの業種が多い（前掲表5-2）。したがって、前勤務先も多くは事業所向けの業種だと思われる。事業所との取引は一般的に反復継続的であることから、従業員ごとに担当する顧客が固定しているケースが少なくない。したがって、前勤務先と同じ分野の事業で開業し、部下等を採用すれば、部下等を通じて取引先も確保しやすくなる。

　実際に、前勤務先から何を引き継いだかを見ると、部下等採用型は「取引先」をあげる割合が42.8%と最も高く、友人等採用型（23.9%）、一般採用型（21.6%）を上回る（図5-15）。図示はしていないが、事業所向けの業種に限定して取引先を引き継いだ企業割合を集計すると、部下等採用型（n＝195）は53.8%にのぼり、友人等採用型（n＝70）の31.4%、一般採用型（n＝54）の40.7%を大幅に上回る。

　次の事例は、前勤務先の部下が抱えていた受注先を引き継いだ企業である。

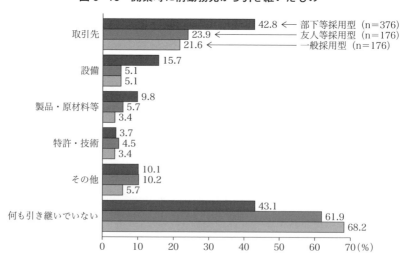

図5-15　開業時に前勤務先から引き継いだもの

＜事例１＞従業員を通じて受注先を開拓

> Ａ社
> 事業内容：建築設計事務所
> 開業時の正社員数：５人（うち前勤務先の部下４人）

　Ａ社は橋梁設計を得意とする建築設計事務所である。地方自治体から計画作成を請け負った建設コンサルタント会社の下請けとして、設計を手がけている。橋梁設計には、計画の作成、構造計算、補修・補強設計（耐震設計など）、CADのオペレーションなど、さまざまな技術を必要とする。Ａ社はそれぞれに優秀な技術者をそろえていることが強みである。

　経営者のＯさんは、大手の橋梁設計事務所に役員として勤務していた。しかし社長と経営方針をめぐる意見の相違から衝突し、退職を余儀なくされた。そのわずか１か月後にＡ社を設立し、独立に踏み切った。このときかつての部下に声をかけたが、多人数を受け入れてしまうと、人件費の負担が重くなる。そこで必要最小限の技術者４人を引き抜いてスタートした。

　この業界では、技術者のもつ技術に対する信頼によって受発注が行われる。そのため、引き抜いた個々の技術者が受注先を抱えていたことから、Ａ社は開業当初から受注先の開拓には困らなかった。逆に、技術者の予定をやりくりするのに苦労したほどだった。

　前勤務先でＯさんが力を入れたのは部下の能力開発である。技術者は難易度の高い仕事をこなしていくことで技術力が高まる。またそれぞれの技術の専門家とはいえ、専門分野の周辺の仕事も知らなければならない。Ｏさんは、技術者のキャリアアップにつながるように仕事を意識的に割り振るようにして、部下の能力開発に努めた。このような姿勢を部下も知っており、Ｏさんと一緒に仕事をすれば自身のキャリアアップにつながると考え、Ｏさんの後を追ってＡ社に入社したのである。

　その後もＡ社は前勤務先から元部下を４人受け入れ、開業後２年で正社員11人、契約社員（CADオペレーター）３人を抱える陣容となっている。

次の事例は、前勤務先の廃業に伴って仕入先、販売先や従業員などを引き継いだ企業である。

＜事例２＞清算企業から優良な資産を選別して引き継ぐ

Ｂ社

事業内容：婦人服の輸入卸および直営店での小売り

開業時の正社員数：14 人（うち前勤務先の部下 14 人）

経営者のＴさんは、開業前に大手商社が設立したアパレル輸入会社の役員を務めていた。Ｔさん自身が仕入ルートを開拓した欧米の 20 ブランドを中心に扱い、同社の業績は順調であった。しかし 2003 年に大株主である大手商社の意向で、商社の関連会社を吸収合併し、不採算ブランドと従業員を押しつけられた。ピーク時には従業員が 70 人にまで膨れあがった。そのため経営が悪化し、2007 年に廃業し清算することになった。

そこでＴさんは、同社から優良な資産を引き継いで、婦人服の輸入販売会社であるＢ社を設立することにした。仕入先は欧米の４ブランドメーカーを、販売先は国内の婦人服専門店 30 社を引き継いだ。いずれもＴさん自身が開拓した相手なので、引き継ぎにあたって問題はなかった。また商品在庫は、Ｂ社が引き継ぐブランドについてはすべて引き取ったが、その他のブランドについては精査し、売れそうなものだけを安く買い取った。さらに、さまざまな什器備品類をわずか 100 万円で引き継いだ。

引き継いだのはこれらの資産だけではない。70 人いた従業員のうち、優秀な仕入担当者を５人、販売担当者を９人引き抜いた。仕入担当者は年４回、欧米に出向いて買い付けを任される。買い付けた商品は返品できないので、責任は重大だ。Ｔさんは語学力とファッションのセンスをもとに、引き抜く従業員を決めたという。直営店の販売担当者も同様に、Ｂ社が引き継ぐブランドについて深い知識をもっている従業員だけを選別した。

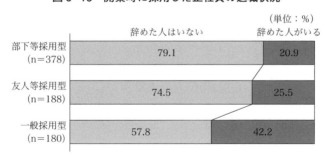

図 5-16　開業時に採用した正社員の退職状況

（単位：%）

	辞めた人はいない	辞めた人がいる
部下等採用型 (n=378)	79.1	20.9
友人等採用型 (n=188)	74.5	25.5
一般採用型 (n=180)	57.8	42.2

　B 社のように、前勤務先が事業部門を縮小・撤退したり、倒産・廃業したりしたのに伴い、同事業を引き継いで開業する場合には、優秀な従業員や必要な取引先、資産などを選別して引き継ぎやすい。

④　従業員の定着率が高い

　第 4 のメリットは従業員の定着率が高いことである。開業時に採用した正社員の調査時点における退職状況を見ると、部下等採用型では「辞めた人はいない」企業の割合は 79.1% にのぼり、友人等採用型の 74.5%、一般採用型の 57.8% を上回る（図 5-16）。正社員の定着率が高ければ、採用や育成にかかるコストが抑えられ、しかも社内にノウハウなどが蓄積する。その結果、企業の業績も向上するものと思われる。

　ではなぜ、部下等採用型では正社員の定着率が高いのか。理由の一つは、従業員は前勤務先での経験や人脈などを生かすことができるからである。習熟した仕事をするのだから、仕事が原因で辞めることは少ないであろう。そしてもう一つの理由は、開業者と気が合うからである。開業者と部下等は前勤務先で一緒に働いていたことから、気が合うかどうかといったこともお互いに熟知している。部下等が勤務先を辞めて、あえて新規開業企業に転職するのも、開業者と気が合うからこそだ。当然、開業者も気が合う部下等にしか声をかけないだろう。

実際に、次のC社のように、開業者が退職して独立したところ、気の合う元部下が「一緒に働きたい」と後を追って新規開業企業に入社した事例は珍しくない。

<事例3>目をつけていた部下が入社を希望

C社
事業内容：居酒屋（3店舗）
開業時の正社員数：2人（うち前勤務先の部下2人）

　経営者のFさんは大学生のころに数多くの飲食店にアルバイトとして勤め、その魅力にとりつかれた。大学卒業後は大手飲料メーカーに勤務したが、30歳までに独立することを目指し、25歳のときに飲食店に転職した。

　転職先はさまざまな業態の直営店を経営し、そこで育てた店長をフランチャイズチェーン展開している飲食店に派遣するというビジネスモデルを展開している企業だった。Fさんは、当初は店長として派遣されていた。やがて、派遣先の店舗の経営改善に寄与したことが評価され、本社で事業部長として店長の育成業務や、直営店の業態開発などを任されるようになった。

　その後同社が上場し、ストックオプションで得た株式売却益などを元手に、Fさんは目標どおり29歳で独立を果たした。本来ならば、勤務先で組んでいた40人のチームのなかから目をつけていた部下を引き抜きたかったが、事業部長であった立場上、自重せざるをえなかった。しかし退職した数か月後に、元部下が2人、Fさんのもとに「F事業部長が辞めたら会社の仕事が面白くなくなった。一緒に働かせてほしい」とやってきた。そのうち1人は、勤務先の社長とけんかをして辞めさせられたという。いずれも、上司であるFさんに対して自分の意見を主張することから、勤務時からFさんが目をつけていた部下だった。Fさんは、イエスマンではなく、彼らのように一緒に経営を考えてくれる人を雇いたいと考えていたのだ。

　Fさんはこの2人を中核として事業を拡大し、開業後わずか2年半で3店

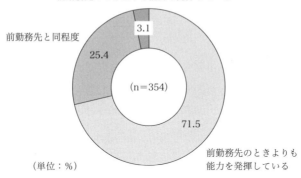

図5-17　前勤務時と比べた正社員の仕事ぶり

前勤務先のときよりも能力を発揮していない

前勤務先と同程度　25.4

3.1

(n＝354)

71.5

前勤務先のときよりも
能力を発揮している

（単位：％）

（注）部下等採用型に対する設問である。

舗を営業するまでになっている。

⑤　従業員が前勤務時以上に能力を発揮しやすい

　第5のメリットは、多くの従業員が今まで以上に能力を発揮することだ。前勤務先での経験などを生かせる仕事で、しかも開業者と気が合う職場は、従業員にとって今まで以上に能力を発揮しやすい環境である。

　部下等採用型を対象に、前勤務時と比べた正社員の仕事ぶりを見ると、71.5％もの企業が「前勤務先のときよりも能力を発揮している」と回答している（図5-17）。従業員がもてる能力を従来以上に発揮すれば、企業の業績は当然向上する。

(2)　前勤務先の部下等を採用するデメリット

　前勤務先の部下等を採用することには、以上のようなメリットがある半面、デメリットもある。聞き取り調査でデメリットとして指摘する声があったのは、次の3点である。

　第1のデメリットは前勤務先での上下関係を開業後も引きずりやすいことだ。元上司や元同僚を採用すると、言いたいことがあっても強くは言えないと

感じる人もいるだろう。実際に、元同僚と一緒にソフトウエアの受託開発会社を開業した経営者は、「経営上の判断を下すとき、どうしても相手の意見を聞いて尊重しなければならない。このときに意見が合わずに衝突することもある」と語る。

　計量モデルにおいて、前勤務先の上司を採用するとパフォーマンスに悪影響を及ぼすおそれがあることを指摘したが、その大きな要因として、勤務時の上下関係を開業後も引きずることがあげられるだろう。

　第2のデメリットは、同じ勤務先の出身だと何かにつけて同じような発想になりがちだということである。これは先行研究でも Wasserman（2012）が指摘していることである。実際に、このようなデメリットを避けるために、仕事上でつきあいのあったライバル企業の社員と一緒に新たな事業を立ち上げた開業者も見受けられた。あるいは先に見た C 社のように、経営者に対して異論を唱える従業員をあえて採用するなどによって、発想の多様性を確保することが重要だろう。

　第3のデメリットは、前勤務先の部下等を、来る者を拒まずに採用すると、人件費の負担が過重になったり、資金繰りが逼迫したりするおそれがあることだ。次の D 社はその典型例である。

＜事例4＞多くの部下を受け入れ資金繰りがタイトに

> D 社
> 事業内容：広告代理
> 開業時の正社員数：30 人（うち前勤務先の部下 30 人）

　D 社は広告の企画や制作だけでなく、新規出店に関する市場調査や広告の効果測定など周辺業務も行う総合広告代理店である。大手パチンコチェーンを主要顧客とする広告代理店に役員として勤務していた M さんが設立した。

　開業のきっかけは、勤務先の社長と経営方針をめぐって意見が対立し、退職せざるをえなくなったことだ。M さんの後を追って D 社に入社したいという

部下はせいぜい 10 人くらいだろうと見込んでいたが、ふたを開けてみると部下の大半である 30 人が入社を希望した。M さんは性格的に来る者は拒めないため、希望者全員を受け入れた。

　幸い、ほとんどの顧客を D 社が引き継ぐことができたため、受注は確保できた。しかし人件費の負担が重く、開業当初は資金繰りがきわめてタイトであった。個人的な知り合いだった入居ビルのオーナーからの融資などで、何とか切り抜けることができた。こうして当初の資金繰り難を乗り切ると、その後は順調に成長し、3 年足らずの間に東京、名古屋、福岡の 3 か所に営業所を構えるまでになっている。

　その原動力になったのは、前勤務先から移籍してきた従業員である。M さんは従業員の意欲を引き出すことに長けており、前勤務先でも実践していた。例えば、営業活動は個人プレーの飛び込み営業ではなく、3〜4 人のメンバーからなるチームを組んで行っている。営業スタイルも企画提案型であり創造性に富む。チームで成果を追求するため、孤独になりがちな営業担当者に連帯感が生まれ、一人で営業活動を行うよりも意欲が高まる。また、成果があがっていない従業員に対しては、厳しく追い込むのではなくノウハウを教えるなどのサポートに徹している。

　かつての部下の大半が後を追って入社を希望したのは、M さんがこのような人材管理手法をとり、従業員の意欲を引き出すのに長けていたからだ。

　以上三つのデメリットがあるものの、部下等採用型の企業の多くは、それ以上のメリットを享受していることから、友人等採用型や一般採用型よりも良好な業績をあげている企業割合が高いと考えられる。

　ただし、デメリットを上回るメリットがあるからといって、だれもが前勤務先の部下等を採用できるわけではない。有能な部下等を採用するには条件がある。それは、開業者自身に能力や人望が必要であるということだ。開業者自身に能力や人望が乏しければ、開業時に声をかけても部下等は勤務先を退職して一緒に働いてはくれないだろう。開業者と部下等とは、互いに情報が対称的だ

からである。つまり、部下等もまた開業者に十分な経営能力やリーダーシップなどがあるかどうかを判断できるということである。

　例えば先にあげた A 社の場合は、開業者の O さんは勤務時に部下の能力開発に力を入れていた。そのため、一緒にいればキャリアアップにつながると考え、元部下は O さんと同じ道を選んだ。C 社の開業者は、前勤務先で部下の異論を歓迎し、考えたことを何でも言える職場づくりを心がけていた。だからこそ、開業後に有能な部下が C 社への入社を希望してきた。D 社の場合も、開業者の M さんが従業員の意欲を引き出すことに長けており、それを元部下たちはよく知っていた。前勤務先が経営不振に陥ったという事情はあるが、それでも M さんの予想を超えて 30 人もの部下が入社を希望したのは、M さんのマネジメント能力が部下に高く評価されたことが大きい。

6　まとめ

　本章の議論をまとめると、次の 4 点が指摘できる。

① 　新規開業企業の業績を左右する人的資本は、開業者自身だけではない。従業員も重要な役割を果たしている。したがって、「だれと開業するか」を開業前に検討する必要がある。

② 　開業時に正社員を採用した企業の半数以上は、前勤務先の上司・同僚・部下を採用している。なかでも部下を採用することで、新規開業企業は良好な業績をあげているケースが多い。

③ 　部下等採用型の開業者は、勤務時に部下の能力などを判断できることから、だれが正社員としてふさわしいかが分かる。つまり、採用に関する「情報の非対称性」を克服しやすいことがメリットとしてあげられる。このほかにも、経験者の採用が容易であること、取引先を引き継ぐケースが多いこと、正社員が能力を発揮しやすく定着率が高いことなどといったメリットがある。これらのメリットを背景として、部下等採用型は良好な業績をあげている。

④　開業時に有能な部下を採用するには、開業者自身にも能力や人望がなければならない。開業者だけでなく部下も、勤務時の相手の能力などを判断できるからである。

将来開業するつもりがあろうとなかろうと、勤務者は部下の能力や意欲を引き出すなど、マネジメント能力を高めることが重要である。それが普段の仕事に役立つのはもちろん、いざ開業に踏み切ることになったときに有能な人材という人的資本の獲得に生きてくるはずだ。

　二次分析にあたり、東京大学社会科学研究所附属社会調査・データアーカイブ研究センターSSJデータアーカイブから「新規開業実態調査, 2008」（日本政策金融公庫総合研究所）の個票データの提供を受けました。

• 注記

* 1　開業後の業績だけではなく、成長、存続、廃業なども含まれることから、「パフォーマンス」という用語を用いている。

* 2　創業チームのメンバーが急逝した企業とそうでない企業とを比べて、メンバーが急逝することで開業後のパフォーマンス（存続率、従業員規模や売上規模、生産性）に負の影響があることを実証している。

* 3　同論文では、前職で勤務した業種と同じ業種で開業した人を「spinoff entrepreneur」と呼んでいる。本書における「斯業経験」のある開業者とほぼ重なる概念である。

* 4　アンケートでは、開業時に正社員を雇用していた企業に、その人数を「前勤務先の上司・同僚・部下」「友人や知人、親戚」「求人活動するまで知らなかった人（紹介を受けた方や求人に応募してきた方など）」ごとに記入してもらい、そしてそれぞれの正社員を雇っている場合に、さらに細分化した選択肢（「上司」「同僚」「部下」など）を選んでもらうという構造になっている。このため、前者の人数を記入したにもかかわらず、後者の細分化した選択肢を無回答の場合には、「不明」に分類されている（図5-1③参照）。

* 5　次節で行う計量モデルによる分析では、このような問題は回避される。

* 6　元従業員が、廃止された事業部門や倒産・廃業した企業の事業をもとに行った開業を、深沼・井上（2006）は「再生型創業」と名付けて分析している。同調査によると、再生型創業のうち、元勤務先から従業員を引き継いでいる割合は35.0％である。

* 7　実際に、税理士事務所、広告代理業、デザイン業の合計22社のうち、開業にあたって前勤務先から取引先を引き継いだ企業は15社にのぼる。

* 8　個人向けサービス業30社のうち、美容業が18社と半数以上を占める。

* 9　第1章の注5を参照。

* 10　鈴木（2007）は、開業時により多くの資金を調達すれば、廃業確率は低くなると分析している。

* 11　本章の推計でも、開業者の斯業経験年数は業績（目標月商達成率、採算状況、同業他社と比べた業況）と有意な正の相関関係が見られる（表5-4参照）。

* 12　なお、表5-4の推計②の説明変数「部下等採用型」「友人等採用型」「一般採用型」の代わりに、部下等の斯業経験の有無、友人等の斯業経験の有無、一般採用者の斯業経験の有無と開業者の斯業経験年数との交差項を入れた分析を行った。それによると、部下等の斯業経験の有無との交差項は目標月商達成率との間には有意な正の相関関係があった（有意水準1％）が、友人等の斯業経験の有無との交差項、一般採用者の斯業経験の有無との交差項は有意な結果が得られなかった。これは表5-5の結果と整合的である。

第6章

開業者の人的ネットワーク
～インフォーマルな支援が果たす役割～

1 問題意識

　第1章から第4章までは開業者自身の経験（斯業経験、勤務経験、経営経験、副業としての起業経験）を通じて、開業に必要となる能力などの人的資本を獲得していることを見てきた。さらに第5章では、従業員も能力の獲得経路であることを見た。本章では、開業者の社会的資本、つまり人的ネットワークを通じた能力の獲得を取り上げる。これらは一般的に、「インフォーマルな支援」を通じて獲得される。

　国や地方公共団体などはさまざまな公的支援策を設けて、開業を促進しようとしている。また、金融機関をはじめとする民間組織でも、新規開業企業を対象とした融資制度や支援事業などを手がけているところは少なくない。これらの「フォーマルな支援」は大きく拡充されてはいるものの、開業に必要な経営資源などを入手するには、フォーマルな支援を利用するだけでは限界がある。このため、開業者の人的ネットワークから得られる「インフォーマルな支援」が果たす役割は大きいのではないだろうか。

　では、どのような開業者がだれからインフォーマルな支援を受けているのか、それらの支援はどのような効果があるのだろうか。このような問題意識をもとにして、本章では開業者の人的ネットワークを通じて得られるインフォーマルな支援にスポットをあてる。

　本章の構成は次のとおりである。2節ではインフォーマルな支援を論じた先行研究を紹介し、論点を示す。3節では、調査結果をもとに支援者別の支援状

況を概観し、開業者を類型化する。そのうえで、企業属性、開業者の属性など
について比較し、類型ごとの開業者の特徴を見ていく。4節では、支援がどの
ような効果をもたらしているのかを見る。ここでは、①開業するにあたって支
援がどの程度役に立ったか、②開業直後の業績に対して支援がどの程度の影響
を及ぼしているか、という二つの効果を検討する。後者については計量モデル
によって確認する。5節では以上の結果をもとに総括する。

2 先行研究

　インフォーマルな支援については、ネットワーク理論をベースとした一連の
研究において論じられることが多い。その初期の代表的研究の一つが、
Aldrich and Zimmer（1986）である。彼らは起業家活動に関する伝統的な理
論[*1]の問題点を指摘したうえで、Granovetter（1973）の理論を引用しなが
ら、ネットワーク理論の視点から起業家活動を新たに論じた。すなわち、起業
家活動を総合的に説明するには、人々が情報や経営資源、社会的支援を獲得す
るネットワークを含めなければならないとした。

　彼らの研究を大きな契機として、ネットワーク理論をもとに起業家活動を分
析する研究が多数生まれている。それらの流れをまとめた Brüderl and
Preisendörfer（1998）によると、大きく三つの仮説に分けられる。

　第1は「ネットワーク設立仮説」（network founding hypothesis）であ
る。これは開業のプロセスに関する仮説であり、ネットワークからの支援は新
たに企業を設立する際に大量に用いられることから、ネットワークは起業家活
動を促進すると主張するものである。例えば Aldrich and Zimmer（1986）
は「ネットワークによって、潜在的な起業家の活動は促進されたり抑制された
りする」（p.20）と指摘し、また Burt（1992）は「ネットワークの中で企業
家的機会が増えるにつれて、（中略）企業家的行動の可能性が増す」（邦訳書
p.31）と指摘する。実際に、Birley（1985）がアメリカ中西部のインディア
ナ州セント・ジョセフ郡の起業家を対象にした調査によると、起業家が開業時

にさまざまな経営資源を調達するにあたって受ける支援の主たる源泉は、家族や友人、同僚などとのインフォーマルなネットワークであった。ほかにも、ネットワークが開業にあたって役立っていることを検証した研究は少なくない（Brüderl and Preisendörfer　1998; Davidsson and Honing　2003; Kiss 2016 など）。

　第 2 は「ネットワーク成功仮説」（network success hypothesis）である。これは開業後のプロセスに関する仮説である。広くて多様なネットワークに接触でき、より多くの支援をネットワークから受けられる起業家はより成功しやすい、と主張する。例えば Aldrich and Zimmer（1986）は、「成功する起業家は、タイミング良く正確な情報を提供できる人や顧客となりうる人、出資者などにつながる弱い紐帯（weak ties）をもつ立場の人たちのなかに見出されるだろう」（p.20）と述べている。

　ネットワーク成功仮説を支持する研究は多い（Abou-Moghli and Al-Kasasbeh　2012; Brüderl and Preisendörfer　1998; Brown, Mawson, and Rowe　2019, Davidsson and Honing　2003; Santarelli and Tran　2013 など）。しかし一方で、ネットワークと開業後の業績の間に有意な正の関係が見られなかった研究もある（Bates　1994; Johannisson　1996 など）。そこから生まれた第 3 の仮説が、「ネットワーク補填仮説」（network compensation hypothesis）である。

　例えば、アメリカにおけるアジア系移民の起業家を調査した Bates（1994）は、移民社会のネットワークから支援を受けた企業ほど、利益がより少なく失敗しやすい傾向にあることを示した。ネットワーク補填仮説は、こうした矛盾が生じる理由として、「好ましい人的資本が乏しかったり、財務資本に制約されたりしている起業家は、より多くの支援を自らのネットワークから獲得しようと努める」（Brüderl and Preisendörfer 1998, p.216）ことをあげる。つまり、不足する経営資源などをネットワークを通じて補填しているにすぎないということである。

　本章では、上の三つの仮説を論点として念頭に置きながらインフォーマルな

支援について分析する。

3 類型別に見る開業者の特徴

　分析にあたっては日本政策金融公庫総合研究所「新規開業実態調査（特別調査）」（2010年）のデータを用いる（第1章、表1-1参照）。開業してから平均17.2カ月経過した時点で行われており、調査時点の業績は開業直後のものであるといえる。

（1）支援者と支援内容

　まず、開業するにあたって受けた支援について概観しよう[*2]。

　支援者別に支援の有無を見ると、「いずれの支援も受けていない」と回答した開業者は21.7％にすぎず、8割近くの開業者が何らかの支援を受けている（図6-1）。支援者として最も高い割合を占めているのは「親（義理の親を含む）」であり、33.2％にのぼる。「元勤務先」（17.4％）、「仕事を通じて知り合った友人」（16.3％）、「個人的な友人」（15.4％）、「税理士・公認会計士」（15.3％）、「元勤務先の取引先」（15.0％）がそれに続く。

　支援者を「公的組織」「民間組織」「元勤務先等」「友人等」「親・親戚等」の五つに分類すると、「親・親戚等」から支援を受けた開業者の割合が45.6％と最も高い。さらに、「公的組織」「民間組織」から受けた支援を「フォーマルな支援」、「元勤務先等」「友人等」「親・親戚等」から受けた支援を「インフォーマルな支援」に大別すると、「インフォーマルな支援」を受けた開業者は68.8％にのぼり、「フォーマルな支援」（41.6％）を大きく上回る。

　図6-2は支援者別に支援内容を見たものである。公的組織から「開業資金の融資」や「補助金、助成金」など「経営資源」の支援を受けた開業者の割合は13.7％、「経営全般や事業計画の策定に関する助言」「経理・労務などの専門知識の提供」など「情報」に関する支援を受けた開業者の割合は12.4％と相対的に高い（図6-2①）。それに対して、「販売先・受注先の紹介や販路開

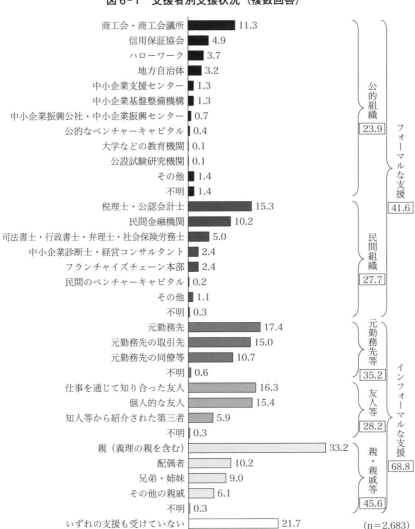

図6-1　支援者別支援状況（複数回答）

資料：日本政策金融公庫総合研究所「新規開業実態調査（特別調査）」（2010年）（以下同じ）。
(注)　1　この調査は日本政策金融公庫の融資先を調査対象としていることから、「公的組織」の選択
　　　　　肢には日本政策金融公庫が含まれていない。
　　　2　枠囲みの数値は、それぞれの類型に含まれる選択肢を一つ以上回答した開業者の割合を示す。

図6-2 開業時に受けた支援（複数回答）

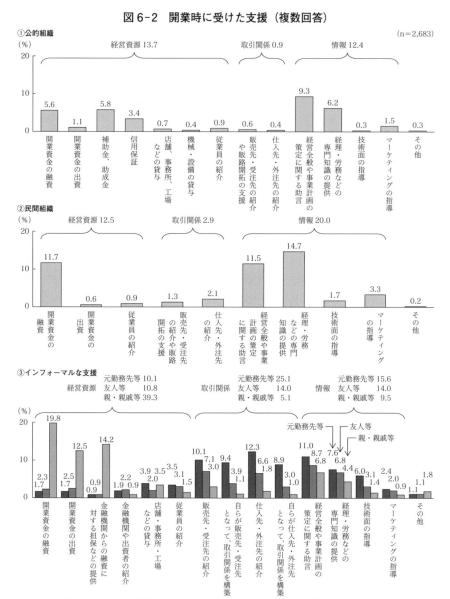

① 公的組織

(n=2,683)

経営資源 13.7　　取引関係 0.9　　情報 12.4

項目	(%)
開業資金の融資	5.6
開業資金の出資	1.1
補助金、助成金	5.8
信用保証	3.4
店舗、事務所、工場などの貸与	0.7
機械・設備の紹介	0.4
従業員の紹介	0.9
販売先・受注先の紹介や販路開拓の支援	0.6
仕入先・外注先の紹介	0.4
経営全般や事業計画の策定に関する助言	9.3
経理・労務などの専門知識の提供	6.2
技術面の指導	0.3
マーケティングの指導	1.5
その他	0.3

② 民間組織

経営資源 12.5　　取引関係 2.9　　情報 20.0

項目	(%)
開業資金の融資	11.7
開業資金の出資	0.6
従業員の紹介	0.9
販売先・受注先の紹介や販路開拓の支援	1.3
仕入先・外注先の紹介	2.1
経営全般や事業計画の策定に関する助言	11.5
経理・労務などの専門知識の提供	14.7
技術面の指導	1.7
マーケティングの指導	3.3
その他	0.2

③ インフォーマルな支援

経営資源　元勤務先等 10.1　友人等 10.8　親・親戚等 39.3

取引関係　元勤務先等 25.1　友人等 14.0　親・親戚等 5.1

情報　元勤務先等 15.6　友人等 14.0　親・親戚等 9.5

凡例：元勤務先等／友人等／親・親戚等

項目	元勤務先等	友人等	親・親戚等
開業資金の融資	2.3	1.7	19.8
開業資金の出資	2.5	1.7	12.5
金融機関からの融資に対する担保などの提供	0.9	0.9	14.2
金融機関や出資者の紹介	2.2	1.9	0.9
店舗、事務所、工場などの貸与	3.9	3.5	2.0
従業員の紹介	3.5	3.1	1.5
販売先・受注先の紹介	10.1	7.1	3.0
自らが販売先・受注先となって、取引関係を構築	9.4	3.9	1.1
仕入先・外注先の紹介	12.3	6.6	1.8
自らが仕入先・外注先となって、取引関係を構築	8.9	3.0	1.0
経営全般や事業計画の策定に関する助言	11.0	8.7	6.8
経理・労務などの専門知識の提供	7.6	6.8	4.4
技術面の指導	6.0	3.1	1.4
マーケティングの指導	2.4	2.0	0.9
その他	1.1	1.1	1.8

(注) 1　支援を受けていない開業者を含めた全体（n=2,683）に対する割合である。
　　　2　支援内容を分類した「経営資源」「取引関係」「情報」の数値は、それぞれのカテゴリーに含まれる選択肢を一つ以上回答した開業者の割合を示す。

拓の支援」など「取引関係」に関する支援は0.9％と低い。

　民間組織においても、経営資源に関する支援と情報に関する支援の割合は相対的に高いが、取引関係に関する支援は低い（同②）。

　一方、元勤務先等からの支援に関しては取引関係の割合が高く、親・親戚等からの支援に関しては資金を中心とする経営資源の割合がきわめて高いなど、インフォーマルな支援の内容は支援者ごとに大きく異なる（同③）。

（2）開業者の分類

　インフォーマルな支援を受けている開業者はどのような特性があるのだろうか。この点を探るために、先に見た支援状況をもとに開業者を分類し、類型別に属性などの差異を探ることにする。

　図6-3はインフォーマルな支援の有無と支援者別に見た開業者の構成である。支援状況が明らかな開業者2,683人のうち、インフォーマルな支援を受けていない開業者（図6-3の部分集合A）が836人（31.2％）、インフォーマルな支援を受けている開業者（同B〜H）は1,847人（68.8％）である。

　元勤務先等から支援を受けた開業者（同B〜E）945人のうち、友人等または親・親戚等からも支援を受けている開業者（同C〜E）は632人にのぼり、支援者が元勤務先等だけの開業者（同B）は313人にすぎない。同様に、友人等から支援を受けた開業者（同C、D、F、G）757人のうち支援者が友人等だけの開業者（同F）は178人、親・親戚等から支援を受けた開業者（同D、E、G、H）1,224人のうち支援者が親・親戚等だけの開業者（同H）は496人にすぎない。つまり、インフォーマルな支援を受けた開業者の多くは複数のタイプの支援者から支援を受けている。

　本章では、支援状況をもとに次のように開業者を類型化する。まず、インフォーマルな支援を受けた開業者（同B〜H）を「有支援型」、インフォーマルな支援を受けていない開業者（同A）を「無支援型」に大別する。そして前者については、元勤務先等から支援を受けた開業者（同B〜E）を「元勤務先等支援型」、友人等から支援を受けた開業者（同C、D、F、G）を「友人等支

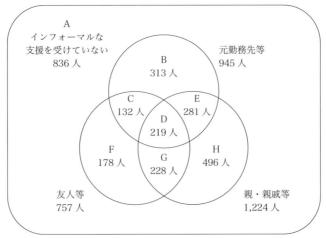

図6-3 インフォーマルな支援の有無と支援者別にみた開業者の構成

合計 (A～H) 2,683人

(注) 本章で用いる開業者の類型を上図に対応させると、次のとおりである。

インフォーマルな支援の有無	支援者類型
無支援型 (A)	―
有支援型 (B～H)	元勤務先等支援型 (B～E) 友人等支援型 (C、D、F、G) 親・親戚等支援型 (D、E、G、H)

援型」、親・親戚等から支援を受けた開業者（同D、E、G、H）を「親・親戚等支援型」に分類する。したがって、「元勤務先等支援型」「友人等支援型」「親・親戚等支援型」には、複数の支援者類型から支援を受けている開業者がそれぞれに重複して集計されることに留意する必要がある[3]。

(3) 企業の属性

　まず新規開業企業の属性について、インフォーマルな支援の有無別および支援者類型別に見ていこう。

　図6-4は主な販売先を見たものである。インフォーマルな支援の有無別では、有支援型も無支援型も「一般消費者」と「事業所」の構成比はほとんど同

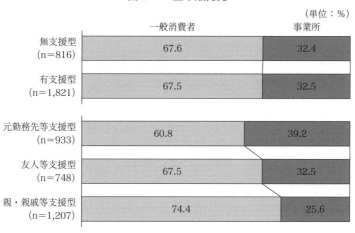

図 6-4　主な販売先

(単位：％)

	一般消費者	事業所
無支援型 (n=816)	67.6	32.4
有支援型 (n=1,821)	67.5	32.5
元勤務先等支援型 (n=933)	60.8	39.2
友人等支援型 (n=748)	67.5	32.5
親・親戚等支援型 (n=1,207)	74.4	25.6

じである。一方、支援者類型別に見ると、元勤務先等支援型は事業者を主な販売先とする企業が 39.2％と相対的に高い割合を占めている。事業所を主な販売先とする事業では元勤務先やその取引先から注文を受けたり取引先を紹介してもらったりするなど、取引関係に関する支援を受けやすいことが背景にある。

　開業時の従業者数は、無支援型の平均 3.5 人と比べて有支援型は 4.4 人とやや多い（図 6-5）。この差は、無支援型では「1 人」の企業割合が有支援型よりも高いことから生じている。支援を受けることで、相対的に大きな規模で開業できるのであろう。支援者類型別には大きな差異は見られない。

　開業費用を見ると、有支援型は無支援型よりも高額である企業の割合が高い（図 6-6）。平均開業費用も有支援型が 1,108 万円と無支援型（812 万円）を上回っており、開業費用は相対的に高額である。これは、有支援型では相対的に多くの開業者が資金面での支援を受けた結果である。支援者類型別にみると、先述のとおり親・親戚等支援型の開業者は資金を主とする経営資源の支援を受けている割合が高いことから、平均開業費用は 1,227 万円と最も高額である。

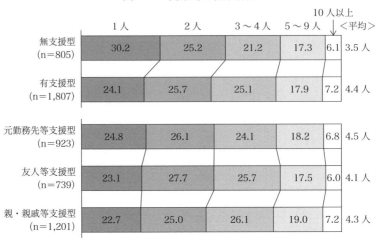

図6-5　開業時の従業者数

無支援型 (n=805)：1人 30.2／2人 25.2／3〜4人 21.2／5〜9人 17.3／10人以上 6.1　＜平均＞ 3.5人

有支援型 (n=1,807)：1人 24.1／2人 25.7／3〜4人 25.1／5〜9人 17.9／10人以上 7.2　＜平均＞ 4.4人

元勤務先等支援型 (n=923)：1人 24.8／2人 26.1／3〜4人 24.1／5〜9人 18.2／10人以上 6.8　＜平均＞ 4.5人

友人等支援型 (n=739)：1人 23.1／2人 27.7／3〜4人 25.7／5〜9人 17.5／10人以上 6.0　＜平均＞ 4.1人

親・親戚等支援型 (n=1,201)：1人 22.7／2人 25.0／3〜4人 26.1／5〜9人 19.0／10人以上 7.2　＜平均＞ 4.3人

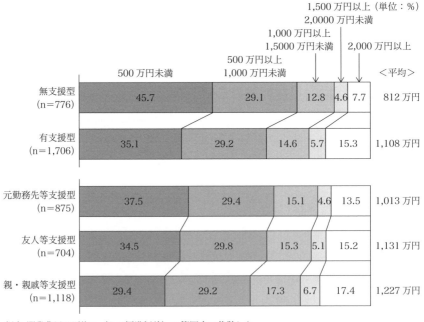

図6-6　開業費用

（単位：％）

無支援型 (n=776)：500万円未満 45.7／500万円以上1,000万円未満 29.1／1,000万円以上1,5000万円未満 12.8／1,500万円以上2,0000万円未満 4.6／2,000万円以上 7.7　＜平均＞ 812万円

有支援型 (n=1,706)：500万円未満 35.1／500万円以上1,000万円未満 29.2／1,000万円以上1,5000万円未満 14.6／1,500万円以上2,0000万円未満 5.7／2,000万円以上 15.3　＜平均＞ 1,108万円

元勤務先等支援型 (n=875)：500万円未満 37.5／500万円以上1,000万円未満 29.4／1,000万円以上1,5000万円未満 15.1／1,500万円以上2,0000万円未満 4.6／2,000万円以上 13.5　＜平均＞ 1,013万円

友人等支援型 (n=704)：500万円未満 34.5／500万円以上1,000万円未満 29.8／1,000万円以上1,5000万円未満 15.3／1,500万円以上2,0000万円未満 5.1／2,000万円以上 15.2　＜平均＞ 1,131万円

親・親戚等支援型 (n=1,118)：500万円未満 29.4／500万円以上1,000万円未満 29.2／1,000万円以上1,5000万円未満 17.3／1,500万円以上2,0000万円未満 6.7／2,000万円以上 17.4　＜平均＞ 1,227万円

（注）開業費用が平均±（3×標準偏差）の範囲内で集計した。

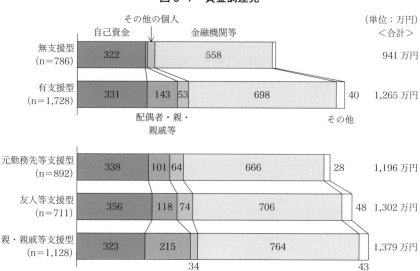

図 6-7　資金調達先

（注）　1　「その他の個人」は役員・従業員、友人・知人、事業賛同者から調達した資金である。
　　　2　「金融機関等」は政府系金融機関、自治体、公的機関、民間金融機関から調達した資金である。
　　　3　「その他」はベンチャーキャピタル、リース、フランチャイズチェーンなどから調達した資金である。
　　　4　資金調達額の合計が平均±（3×標準偏差）の範囲内で集計した。

　開業費用の調達先とその平均金額を見ると、「自己資金」は有支援型（331万円）と無支援型（322万円）では大きな差はない（図6-7）。また、支援者類型別でも323万〜356万円とほぼ同水準である。しかし、有支援型は自己資金以外による資金調達額が多いことから、資金調達金額の合計は1,265万円と、無支援型（941万円）を大きく上回る。とりわけ親・親戚等支援型では「配偶者・親・親戚等」からの調達が215万円、「金融機関等」が764万円と相対的に高い。親などから資金を提供してもらったり、金融機関からの借り入れに対して担保などを提供してもらったりしている様子がうかがえる。

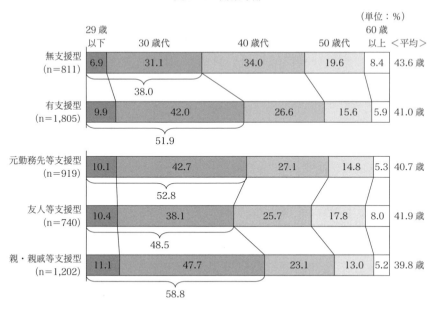

図6-8　開業年齢

(単位：％)

	29歳以下	30歳代	40歳代	50歳代	60歳以上	＜平均＞
無支援型 (n=811)	6.9	31.1	34.0	19.6	8.4	43.6歳
有支援型 (n=1,805)	9.9	42.0	26.6	15.6	5.9	41.0歳
元勤務先等支援型 (n=919)	10.1	42.7	27.1	14.8	5.3	40.7歳
友人等支援型 (n=740)	10.4	38.1	25.7	17.8	8.0	41.9歳
親・親戚等支援型 (n=1,202)	11.1	47.7	23.1	13.0	5.2	39.8歳

38.0
51.9
52.8
48.5
58.8

（4）開業者の属性

　次は類型別に見た開業者の属性である。

　図6-8は開業者の開業年齢を見たものである。インフォーマルな支援の有無別では、有支援型の開業者では30歳代以下の割合が51.9％と無支援型の38.0％を大きく上回り、若い開業者の割合が高い。平均年齢でも有支援型は41.0歳と無支援型の43.6歳よりも若い。有支援型について支援者類型別にみると、親・親戚等支援型の開業者は30歳代以下の割合が58.8％、平均年齢が39.8歳と相対的に若い。若年層はインフォーマルな支援、とりわけ親による支援に依存している開業者が多そうである。

　斯業経験年数（現在の事業に関連する仕事をした年数）を見ると、平均年数は有支援型が12.2年、無支援型が12.4年とほぼ同水準だが、構成比には差異がある（図6-9）。無支援型は「0年」（斯業経験なし）の割合が15.8％と有支援型の9.9％を上回る一方、「20年以上」の割合も25.8％と有支援型の

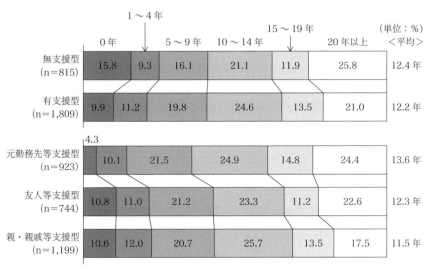

図6-9　斯業経験年数

(注) 斯業経験とは、現在の事業に関連する仕事の経験である。

21.0%を上回っており、二極化している様子がうかがえる。

　支援者類型別に見ると、元勤務先等支援型では平均年数が13.6年、「20年以上」の割合が24.4%と、斯業経験年数が相対的に長い開業者が多い。友人等支援型がそれぞれ12.3年、22.6%と続き、親・親戚等支援型は11.5年、17.5%と斯業経験年数が短い。親・親戚等支援型は上で見たとおり相対的に開業年齢が若いことから、斯業経験年数も短くなりがちである。

　斯業経験が短いと接触できる支援者に限りがあるため、支援を受けられなかったり、身近な親・親戚等からの支援に依存したりせざるをえない。やがて斯業経験年数が長くなるにつれて、元勤務先やその取引先などの支援を受けやすくなるものと思われる。また、長い斯業経験を積むことで開業者自身の能力が高まったり、自己資金を蓄えられたりする結果、支援を受けなくても開業できるという側面もあるだろう。無支援型が斯業経験年数に関して二極化しているのは、斯業経験がなくて支援を受けられなかった開業者と、斯業経験が長く

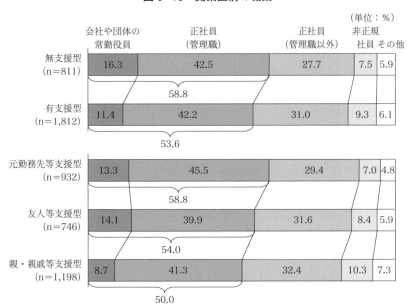

図6-10 開業直前の職業

（単位：％）

会社や団体の常勤役員 ／ 正社員（管理職）／ 正社員（管理職以外）／ 非正規社員 ／ その他

	会社や団体の常勤役員	正社員（管理職）	正社員（管理職以外）	非正規社員	その他
無支援型（n=811）	16.3	42.5	27.7	7.5	5.9
		58.8			
有支援型（n=1,812）	11.4	42.2	31.0	9.3	6.1
		53.6			
元勤務先等支援型（n=932）	13.3	45.5	29.4	7.0	4.8
		58.8			
友人等支援型（n=746）	14.1	39.9	31.6	8.4	5.9
		54.0			
親・親戚等支援型（n=1,198）	8.7	41.3	32.4	10.3	7.3
		50.0			

て支援を受ける必要がなかった開業者の両方が多く存在していることが背景にあるものと思われる。

　開業直前の職業を見ると、無支援型では「会社や団体の常勤役員」または「正社員（管理職）」であった開業者の割合が58.8％と、有支援型（53.6％）を上回る（図6-10）。一方、支援者類型別に見ると、元勤務先等支援型ではこの割合は58.8％と、友人等支援型（54.0％）、親・親戚等支援型（50.0％）を上回る。管理職以上の立場にあることで、取引先の経営者など支援者になりうる人と接触する機会が多いことがその背景にあるのだろう。ただし、無支援型においては、そうした機会があっても支援を受ける必要がない開業者も少なくないものと思われる。

（5）開業者の経営資源

　先行研究で紹介したネットワーク補填仮説が成り立つとすれば、人的ネット

表 6-1　開業時に経営者として自信をもっていたこと

(単位：%)

	支援の有無別類型		支援者別類型		
	無支援型 (n=823)	有支援型 (n=1,824)	元勤務先等 支援型 (n=934)	友人等 支援型 (n=749)	親・親戚等 支援型 (n=1,210)
業界に関する知識	62.0	62.8	70.3	62.1	60.0
人的ネットワーク（人脈）	39.7	47.2	51.9	50.9	44.2
技術力	36.5	46.5	46.5	46.1	50.9
製品・サービスに関する知識	34.8	41.5	43.9	39.3	41.5
事業を営むための体力	36.9	39.3	38.5	38.6	41.7
顧客を開拓する営業力	39.1	36.4	37.4	38.9	34.4
製品・サービスの企画力や開発力	20.7	23.9	26.7	23.4	24.0
人や組織を動かすマネジメント能力	23.7	22.9	25.5	24.4	19.9
人事・労務や人材教育などの知識	15.1	14.9	15.4	15.5	14.7
経理・税務・法律などの知識	12.0	11.3	10.7	13.4	10.2
その他	0.9	1.8	1.5	2.0	2.3
とくになし	6.6	3.9	3.1	3.1	4.2

ワークを通じて支援を受けた（＝インフォーマルな支援を受けた）開業者はそう
でない開業者と比べて経営資源が乏しいことになる。では実際はどうだろうか。

　まず開業者の人的資本から見ていこう。アンケートでは、開業者が開業時に
経営者として自信をもっていたことを尋ねている。選択肢は「その他」を含め
た 11 項目と「とくになし」からなる（表 6-1）。これらは開業者の人的資本
の水準を問うものだといえる[*4]。

　「とくになし」をあげる割合は有支援型で 3.9％、無支援型でも 6.6％にすぎ
ない。ほとんどの開業者が何らかの項目について自信をもっていたといえる。

　これらについて、支援の有無別に見ると、「人的ネットワーク（人脈）」をあ
げる割合は無支援型が 39.7％であるのに対して、有支援型は 47.2％と明らか
に高い。「技術力」（有支援型 46.5％、無支援型 36.5％）、「製品・サービスに
関する知識」（有支援型 41.5％、無支援型 34.8％）も同様である[*5]。「顧客を
開拓する営業力」「人や組織を動かすマネジメント能力」「人事・労務や人材教
育などの知識」「経理・税務・法律などの知識」の 4 項目では逆に無支援型の

開業者のほうが上回っているものの、有意な差があるとはいえない*6。

　開業者の能力に対する自己評価を見るかぎりは、有支援型の開業者のほうが経営者としての能力は総じて高い、少なくとも無支援型の開業者よりは低くはないといえそうだ。したがってこの調査をもとに考えると、ネットワーク補填仮説は成り立たないであろう。むしろ、インフォーマルな支援者は開業者のもつ能力を見きわめ、事業を維持できそうだと判断できる開業者に対して支援を提供しているとも考えられる。

　支援者類型別にみると、「業界に関する知識」をあげる割合は、元勤務先等支援型が70.3％にのぼり、友人等支援型（62.1％）、親・親戚等支援型（60.0％）を明らかに上回っている。また「人的ネットワーク（人脈）」「人や組織を動かすマネジメント能力」は元勤務先等支援型（それぞれ51.9％、25.5％）と友人等支援型（同50.9％、24.4％）がほぼ同水準で、親・親戚等支援型（同44.2％、19.9％）よりも高い。「技術力」に関しては親・親戚等支援型（50.9％）が元勤務先等支援型（46.5％）、友人等支援型（46.1％）を上回るものの、総じて元勤務先等支援型、友人等支援型は親・親戚等支援型よりも人的資本の水準はやや高そうである。

　元勤務先等や友人等は、開業者と血縁関係にある親・親戚等のような強いつながりはないことから、支援を提供するかどうかを判断するにあたって開業者の資質を見きわめる度合いがより強いように思われる。実際に、次の事例のように、元勤務先の取引先にあたる支援者が開業者の能力の高さを支援理由としてあげるケースもあった。

＜事例１＞開業者の能力が支援の決め手

A社
事業内容：不動産仲介業
支援者：元勤務先の取引先

　A社は賃貸住宅を主力とする不動産仲介会社である。経営者のMさんはあ

る不動産仲介会社に勤務し、最終的にはマネージャーとして店舗の運営を任されていた。優良な賃貸物件の専任媒介を引き受けるために、自らも地元の有力地主などにアプローチしていたが、そのなかに、多くの賃貸物件を所有するSさんもいた。MさんはSさんと親しくなり、1年ほどのつきあいの後、Sさんから独立を勧められた。

　Mさんは、当初は独立しようとは考えていなかった。しかし、マネージャーとして店舗を運営するのも経営者として企業を経営するのも大きな違いがないことに加え、Sさんから立地の良い物件を店舗として提供するという申し出を受けて、独立に踏み切った。Sさんはその際、もともとは住宅用だった物件を店舗用に改装したうえでMさんに貸してくれたり、当初7カ月分の家賃を免除してくれたりした。また独立後も、Sさんが主宰するアパート投資勉強会のメンバーが保有する物件を専任媒介で仲介させるなど、さまざまな支援を提供している。

　なぜMさんを支援しているのかを支援者であるSさん本人に尋ねたところ、人柄と能力を支援理由としてあげた。賃貸物件のオーナーにとっては、家賃をきちんと支払い、トラブルを起こさない入居者が望ましい。しかし、仲介業者のなかには入居者の審査がいい加減なところもあるという。一方、1年に何件かMさんに仲介を任せたところ、仕事ぶりが誠実で、しかも入居者を審査する能力が高かった。また物件の設計段階では、入居者の視点でさまざまなアイデアを提案してくれるなど、不動産オーナーにとってありがたい存在であった。Sさんは勉強会のメンバーに安心して仲介を任せられる仲介業者を探していたので、Mさんの独立を支援したのである。

　開業者のもつ財務資本、すなわち自己資金についてはどうか。先に見たように、開業者が開業費用に充てた自己資金はインフォーマルな支援の有無や支援者類型によってほとんど差異がない（前掲図6-7）。自己資金が少ない開業者ほどインフォーマルな支援を受けているわけではなさそうである。したがって、ここでもネットワーク補填仮説は成り立つとはいえないだろう。

本節をまとめると、次の3点が指摘できる。

第1は、開業時にインフォーマルな支援を受けている開業者は約7割にのぼることである。

第2は、企業の属性や開業者のキャリアなどによって接触できるインフォーマルな支援者が異なることである。元勤務先等支援型は、主な販売先が事業所である場合や、開業者の斯業経験が長く、直前の勤務先において管理職以上の立場にある場合が多い。つまり元勤務先等の支援者に接触しやすい属性である。一方、親・親戚等支援型は開業年齢が若く、斯業経験が短い場合が多い。支援者として身近な親・親戚等に依存せざるをえない属性である。

第3は、インフォーマルな支援者、とりわけ元勤務先等や友人等は、開業者のもつ能力をある程度見きわめたうえで支援を提供していると考えられることである。必ずしも、経営資源などが不足している開業者が個人的なつながりを通じてそれらを補填しているわけではなさそうである。

4 インフォーマルな支援の効果

本節ではインフォーマルな支援の効果について検討する。具体的には、開業のプロセスで果たす役割と、開業直後の業績にもたらす影響の二つを見ていく。

(1) 開業のプロセスで果たす役割

まず開業するにあたってインフォーマルな支援がどの程度役に立ったのかを見てみよう。

図6-11は支援者類型別に、支援に対する評価を尋ねたものである。親・親戚等支援型の開業者は「とても役に立った」と回答した割合が90.1％にのぼる。この割合は、元勤務先等支援型、友人等支援型においても75％前後と高水準である。

支援を受けられなかった場合にどのような影響があったかを尋ねた設問の回答を見ると、親・親戚等支援型では「開業できなかった」と回答した割合は

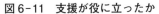

図6-11　支援が役に立ったか

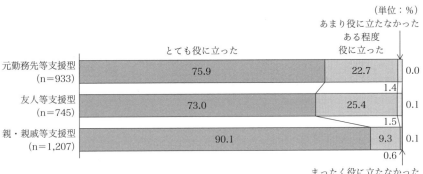

図6-12　支援を受けられなかった場合の影響

47.1％と半数近くにのぼる（図6-12）。「開業できたが、開業後の事業に支障が生じた」を合わせると92.9％である。元勤務先等支援型、友人等支援型では「開業できなかった」の割合がそれぞれ20.2％、17.1％と相対的に低いが、「開業できたが、開業後の事業に支障が生じた」を合わせると83.9％、81.3％となり、支援を受けられなければ多くの開業者で悪影響があったといえる。

　支援に対する開業者の評価を見るかぎり、インフォーマルな支援は開業の円滑化に寄与しているといえる。とりわけ、経営資源（多くは資金面）を主な支

援内容とする親・親戚等支援型ではその傾向が強い。実際に、次の事例のように資金面の支援を受けた企業では、支援を受けられなければ「開業できなかった」と回答する開業者は少なくない。

＜事例２＞出資者との出会いで開業に踏み切る

```
Ｂ社
事業内容：不動産賃貸業
支援者：知人から紹介された第三者
```

　Ｂ社は、日本に滞在する海外企業のビジネスマンを対象に住宅を賃貸している。たんに部屋を賃貸するだけでなく、賃貸に伴うさまざまなサービスを提供していることが大きな特徴である。

　滞在期間が数か月程度の短期滞在者に対しては、家具や家電などを備えつけた部屋を賃貸し、あわせてクリーニングやフロントサービスなども提供している。赴任期間が数年に及ぶ長期滞在者には、ビザの取得・更新や引っ越しの作業、子供の教育に関する手続きなどをサポートするリロケーションサービスを提供している。長期滞在のビジネスマンは、訪日当初は短期滞在用のサービスを利用しながら長期間入居するための物件を探すことが多い。したがって、短期滞在用と長期滞在用の賃貸サービスを同時に手がけることで、顧客を囲い込むことができる。これがＢ社の強みである。

　経営者のＳさんは、リース業を営む前勤務先で外国人向けに特化したマンスリーマンション事業を立ち上げた。グローバル化の進展に伴い、海外から多くのビジネスマンが訪日するようになっていたことから、事業は順調に展開したという。しかし、会社の方針で外国人だけではなく日本人も対象にすることになった。たんなるマンスリーマンションは飽和状態だからうまくいかないと上司に訴えたものの聞き入れてもらえず、Ｓさんはやむなく会社を辞めた。

　Ｓさんはもともと開業するつもりはなかった。長年勤めていたリース会社で、ビジネスモデルが優れていても資金が足りなかったために失敗したケース

をいくつも見てきたからだ。

　そんなSさんが開業するきっかけになったのは、つきあいのあった知人が出資者としてある中堅企業の経営者を紹介してくれたことである。その中堅企業の業績は悪くなかったが、成熟産業に属しており成長性が乏しかったことから、有望な事業に投資して新たな成長の機会をうかがっていた。Sさんのビジネスモデルを評価した出資者が2,500万円を出資し、Sさんは合計で3,000万円の資本金を準備できた。この資金があったおかげで、賃貸物件を確保できただけでなく、B社の信用力の向上にもつながったという。Sさんは「出資者を見つけられなければ、開業することは絶対にできなかった」と語る。

（2）開業直後の業績に及ぼす影響

　インフォーマルな支援は円滑な開業を促進するだけではなく、ネットワーク成功仮説に依拠すれば、開業後の業績にも好影響を及ぼすことが予想される。

　では実際はどうだろうか。ここでは、開業前に目標としていた月商（1か月あたりの売り上げ）に対する調査時点の月商の比率（「目標月商達成率」）をインフォーマルな支援の有無別、支援者類型別にクロス集計した分析を見たうえで、計量モデルによる分析を行う[7]。

①　クロス集計による分析

　目標月商達成率を支援の有無別に見ると、目標月商を達成した企業の割合は有支援型が35.5％と無支援型の32.2％を上回る（図6-13）。また平均目標月商達成率は有支援型は87.3％であり、無支援型の85.0％を上回る。しかし、両者に大きな差があるとはいえない[8]。

　支援者類型別に見ると、元勤務先等支援型では目標月商を達成した企業割合が38.5％、平均目標月商達成率が89.9％であり、友人等支援型（それぞれ35.2％、87.0％）、親・親戚等支援型（同34.9％、87.7％）を上回る。

　類型別に目標月商達成率を見るかぎりでは、①インフォーマルな支援を受けた開業者は支援を受けていない開業者よりも業績はやや良いものの、有意な差

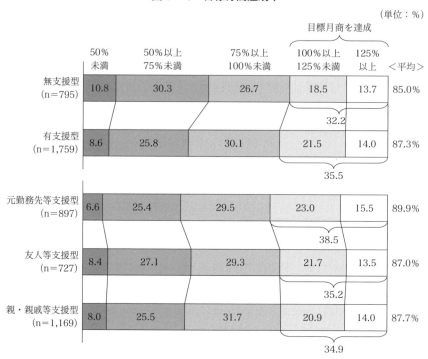

図6-13 目標月商達成率

(単位：%)

	50%未満	50%以上75%未満	75%以上100%未満	100%以上125%未満	125%以上	＜平均＞
無支援型 (n=795)	10.8	30.3	26.7	18.5	13.7	85.0%
				32.2		
有支援型 (n=1,759)	8.6	25.8	30.1	21.5	14.0	87.3%
				35.5		
元勤務先等支援型 (n=897)	6.6	25.4	29.5	23.0	15.5	89.9%
				38.5		
友人等支援型 (n=727)	8.4	27.1	29.3	21.7	13.5	87.0%
				35.2		
親・親戚等支援型 (n=1,169)	8.0	25.5	31.7	20.9	14.0	87.7%
				34.9		

目標月商を達成：100%以上125%未満／125%以上

(注) 1　目標月商達成率＝調査時点の月商÷開業時に目標とした月商× 100（％）
　　 2　平均±3 ×標準偏差の範囲内を集計対象にした。表6-2 も同じ。

は生じていない、②ただし、有支援型のなかでは元勤務先等支援型の業績が良
い、といえそうである。しかし、業績に影響を及ぼす要因は支援の有無だけで
はない。さまざまな要因が絡み合っている。そこで次に、計量モデルをもとに
支援の影響を分析することにしたい。

②　計量モデルによる分析

　本章で利用するデータは第１章と同じものであることから、分析に用いる
変数の多くは、第１章の分析で用いたものと重なる（第１章の表1-2 参照）。
　本章で注目する支援に関する説明変数には、支援者類型別の支援の有無をダ

ミー変数として用いる。インフォーマルな支援だけではなく、フォーマルな支援についても説明変数に加える。本節で注目するのはこれらの説明変数である。

推計結果は表6-2のとおりである。推計①は支援の有無を除いた説明変数で推計したものであり、以下の推計のベースとなる。支援に関する変数以外の結果については、第1章の分析とおおむね重複することから、説明を省略する。

支援に関する推計結果を見ていこう。推計②では、フォーマルな支援とインフォーマルな支援の有無を説明変数として用いている。いずれも係数は正の値であり、支援を受けた企業の目標月商達成率は高い。しかし、係数の有意性は乏しい。前掲図6-13では有支援型と無支援型との間で目標月商達成率には有意な差が見られなかったが、計量モデルによる分析でも、インフォーマルな支援をひとくくりにすると同様の結果となった。

推計③では支援者ごとに支援の有無を説明変数として用いている。それによると、元勤務先等の係数は有意な正の値になる。元勤務先等から支援を受けることで、開業直後に事業を軌道に乗せやすくなるといえそうである。それ以外の支援者については有意ではない。

③　元勤務先等からの支援が業績を高める要因

では、なぜ元勤務先等からの支援は開業直後の業績を高めやすいのか。

第1の要因としては、元勤務先等が支援者である場合、取引関係の構築など開業後の経営に有効な支援を提供しやすいことがあげられる。

先に見たとおり、元勤務先等支援型では斯業経験をもつ開業者の割合が高く、経験年数も相対的に長い。したがって、元勤務先やその取引先などは開業業種と同じ業界や関連業界に属していることが多いはずだ。関連業界の企業であれば、開業者が必要としている支援を提供しやすい。その典型は取引関係に関する支援である。

開業直後に事業が軌道に乗るかどうかは、開業時点でどの程度販売先を確保

表6-2　推計結果

推計方法	最小二乗法			推計①	
被説明変数	目標月商達成率（％）			係数	標準誤差
説明変数	事業内容	業種（12業種）		（記載省略）	
		フランチャイズチェーン加盟状況		−1.916	2.753
		ベンチャービジネスかどうか	ベンチャービジネスである	−9.412	2.702 ***
			ベンチャービジネスではない	（参照変数）	
			わからない	1.248	2.667
	企業規模	開業時の従業者数（対数）		5.438	0.926 ***
	開業者の属性	性別		1.951	2.105
		開業時の年齢		−0.549	0.078 ***
		最終学歴	中学・高校卒業	（参照変数）	
			高専・専修・各種学校卒業	0.111	2.073
			短大・大学・大学院卒業	−0.169	1.762
		斯業経験年数		0.445	0.083 ***
		管理職経験の有無		4.182	1.692 **
	支援の有無 （該当=1、 非該当=0）	フォーマルな支援			
			公的組織		
			民間組織		
		インフォーマルな支援			
			元勤務先等		
			支援者にとってのメリットの有無	あり	
				なし	
				わからない	
			友人等		
			支援者にとってのメリットの有無	あり	
				なし	
				わからない	
			親・親戚等		
			支援者にとってのメリットの有無	あり	
				なし	
				わからない	
	その他の変数	開業後の経過月数		0.260	0.124 **
		開業の準備に要した月数		0.004	0.034
定数項				89.185	4.266 ***
決定係数				0.054	
観測数				2,442	

（注）1　支援の有無以外の変数については表1-2を参照。
　　　2　標準誤差欄の * は有意水準10％、** は同5％、*** は同1％を示す。
　　　3　推計①のVIFの最大値は1.99（個人向けサービス業ダミー）、推計②は1.97（同）、推計③は1.98（同）、推計④は1.97（医療・福祉ダミー）、であり、説明変数間の多重共線性は検出されなかた。

推計②		推計③		推計④	
係数	標準誤差	係数	標準誤差	係数	標準誤差
(記載省略)		(記載省略)		(記載省略)	
−0.979	2.877	−1.455	2.962	−1.750	3.088
−10.048	2.797 ***	−9.677	2.858 ***	−9.281	3.008 ***
(参照変数)		(参照変数)		(参照変数)	
2.106	2.857	1.492	2.835	1.567	2.902
5.065	0.938 ***	5.386	0.969 ***	5.544	1.005 ***
2.140	2.169	2.721	2.224	2.928	2.292
−0.585	0.080 ***	−0.592	0.083 ***	−0.603	0.085 ***
(参照変数)		(参照変数)		(参照変数)	
0.032	2.115	0.714	2.124	1.261	2.217
−0.093	1.796	−0.008	1.802	0.359	1.844
0.460	0.085 ***	0.413	0.084 ***	0.400	0.087 ***
3.987	1.721 **	4.682	1.741 ***	4.686	1.761 ***
0.324	1.534				
		−0.811	1.767	−0.688	1.850
		1.273	1.683	1.635	1.749
1.450	1.710				
		3.482	1.611 **		
				5.366	2.098 **
				0.876	2.818
				−0.183	2.908
		0.319	1.673		
				2.200	2.545
				−1.530	2.537
				−1.149	3.112
		−0.203	1.547		
				1.730	2.616
				−1.151	2.000
				1.238	2.320
0.177	0.121	0.155	0.123	0.170	0.127
0.001	0.035	0.014	0.035	0.008	0.037
91.425	4.569 ***	91.041	4.623 ***	91.157	4.734 ***
0.056		0.061		0.064	
2,329		2,272		2,159	

しているかによって大きく左右される。元勤務先やその取引先から取引関係の
支援を受けることで、元勤務先等支援型の企業は開業直後の目標月商達成率が
高まっているのである。

　例えば、次の事例は元勤務先から受注を確保して開業した企業である。

＜事例３＞元勤務先の専属下請けとして受注を確保

> Ｃ社
> 事業内容：コールセンターシステムの開発
> 支援者：元勤務先

　Ｃ社は、オペレーターが100人以上の大規模コールセンター向けのシステ
ムを主に開発している。発注者は大手電機メーカーのＮ社である。

　Ｃ社を開業したＴさんは、発注者であるＮ社に約８年勤務し、コールセン
ターシステムの構築に携わっていた。最後は20〜30人規模のプロジェクトを
率いるマネージャーとして活躍していた。いずれ独立したいと考えていたとこ
ろ、親しくしていた同僚も同じ思いであることを知り、２人で独立することを
決心した。そして、そのことを上司に説明すると、Ｎ社から仕事を回しても
らえることになった。その理由は、①Ｎ社のプロジェクトから有能な２人が
抜けると仕事に穴が空きかねないこと、②新たに外注先を探すとなるとシステ
ムを開発できるだけの能力があるかどうかを見きわめなければならないが、能
力を熟知しているＴさんたちにはその必要がなかったこと、の二つがあげら
れる。

　開業当初から受注を確保していたことから、Ｃ社の事業はすぐに軌道に乗っ
た。Ｔさんは、１社に専属するのはリスクが大きいと考えているものの、受注
をこなすだけで忙しく、なかなか新規受注先を開拓できない。この点がＣ社
の今後の課題である。

　元勤務先等からの支援が開業直後の業績を高めやすい第２の要因は、元勤

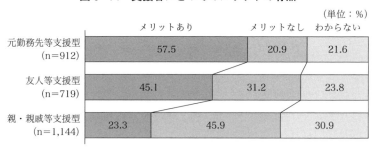

図6-14　支援者にとってのメリットの有無

(単位：%)

	メリットあり	メリットなし	わからない
元勤務先等支援型 (n=912)	57.5	20.9	21.6
友人等支援型 (n=719)	45.1	31.2	23.8
親・親戚等支援型 (n=1,144)	23.3	45.9	30.9

務先等は開業者に支援を提供することを通じて、自らも経営上のメリットが得られることである。このため、より積極的な支援を提供しようというインセンティブが支援者に働きやすい。

　開業者を支援することで支援者が何らかのメリットを得られたかどうかを支援者類型別に見ると、元勤務先等支援型では「メリットあり」の割合が57.5％と、友人等支援型（45.1％）、親・親戚等支援型（23.3％）よりも高い（図6-14）。元勤務先等は開業者と同じ業界や関連業界であることが多く、開業者は取引上のメリットなどを与える見返りとして積極的な支援を受けやすいのである。

　実際に元勤務先等支援型について、メリットの有無別に目標月商達成企業の割合を見たところ、「メリットなし」は32.4％であるのに対して「メリットあり」は42.4％と高い。また先の推計においても、支援者類型ごとのメリットの有無別に説明変数を細分化すると、元勤務先等で「メリットあり」の係数は有意な正の値をとる（前掲表6-3の推計④）。

　つまり、元勤務先等支援型の開業者は支援者である元勤務先等にメリットを与えることで、開業直後の業績向上につながるような積極的な支援を引き出すケースが多いといえる。実際に、次の事例のようにさまざまな支援を受けている企業も見受けられた。

＜事例４＞元勤務先の取引先から多くの支援を受ける

> D社
> 事業内容：ストレージ（外部記憶装置）の保守サービス
> 支援者：元勤務先の取引先

　D社は通信会社や研究所などのデータセンターで使われているストレージ（外部記憶装置）の保守サービスを提供している。

　顧客情報など重要な情報を大量に保管しているデータセンターでは、データを複数のストレージに分散して記録し、あるストレージに障害が生じてもバックアップできるようにしている。ストレージメーカーはそうした機能に特化したストレージをエンドユーザーに販売するとともに、保守サービスを提供している。大手ストレージメーカーは自社で保守サービスを提供できるが、中小ストレージメーカーはD社のような保守会社に委託しているのである。

　経営者のSさんはシステム開発会社に勤務し、25年以上にわたって保守部門で営業を担当していた。ストレージの保守も手がけており、中小ストレージメーカーであるP社やQ社とは10年近くのつきあいがあった。

　勤務先が組織再編の一環として保守部門を閉鎖する方針を打ち出したことから、Sさんは保守を担当していたエンジニアに声をかけて一緒に独立することにした。企業が保存するデータ量が急増していることから、ストレージに対する需要が高まると同時に、保守に対する需要も急速に高まると確信していたからである。

　独立するにあたってP社やQ社に相談をもちかけたところ、両社とも新たな保守委託先を探す必要に迫られており、長年つきあいのあったSさんの話は渡りに船だった。両社はD社に保守の仕事を委託したほか、300万円をD社に出資した。さらにP社は、都市銀行を紹介したうえで銀行融資に保証を提供したり、営業所を転貸したりしてくれた。両社がこのようにさまざまな支援を提供したのは、両社にとっても①つきあいが長く安心して保守を委託できる、②既存の保守業者とは違い、D社は取引保証金を要求しないなど、中小ス

トレージメーカーにとって使い勝手がよい、といった取引上のメリットがあったからである。

　以上のとおり、元勤務先等からの支援が開業直後の業績を高めやすい第1の要因は、開業直後の業績に対して有効な支援を提供できるだけの能力があることだといえる。また、第2の要因は、支援者が支援したいと思わせるインセンティブが働くことである。つまり、元勤務先等には有効な支援を提供できる能力と動機があるということだ。

5　まとめ

　これまでの議論をまとめると、以下の3点が指摘できる。

①　開業時にインフォーマルな支援を受けている開業者は約7割にのぼる。そして、インフォーマルな支援を受けることで、開業の円滑化が図られる。したがって、ネットワークからの支援が開業時に大量に用いられ、起業家活動を促進するという「ネットワーク設立仮説」は成り立つといってよいだろう。

②　インフォーマルな支援者は開業者のもつ能力をある程度見きわめたうえで支援を提供していると考えられる。とりわけ元勤務先等や友人等は、開業者と血縁関係にある親・親戚等のような強いつながりはないことから、支援を提供するにあたって開業者の資質を見きわめる度合いがより強そうである。したがって、「ネットワーク補填仮説」は成り立たないものと思われる。

③　元勤務先等から支援を受けた場合は開業直後の業績が相対的に良好であり、短い期間で事業を軌道に乗せている開業者が多い。したがって、「ネットワーク成功仮説」は元勤務先等からの支援に関して成り立つといえる。その要因としては、元勤務先等には開業直後の経営に有効な支援を提供できる能力と動機があることがあげられる。

開業者にとって人的ネットワークを通じて得られる支援は開業を円滑化したり開業直後の業績を高めたりするなど、重要な役割を果たしている。開業者のもつネットワーク、とりわけ元勤務先やその取引先などとのつながりは、開業に必要となる能力などの獲得経路であるといえる。

　将来の開業を意識している人は、ネットワークを通じてインフォーマルな支援を受けられるように努めるべきだろう。それには、支援者となりうる人たちとの関係づくりが重要となる。さらに、インフォーマルな支援者は開業者のもつ能力をある程度見きわめたうえで支援を提供するという側面もあることから、開業希望者は将来の開業に向けて経験を積み、自らの能力を高めるように努力することも重要である。

　二次分析にあたり、東京大学社会科学研究所附属社会調査・データアーカイブ研究センターSSJ データアーカイブから「新規開業実態調査（特別調査），2010」（日本政策金融公庫総合研究所）の個票データの提供を受けました。

● **注記**

＊1　彼らが取り上げた伝統的な理論は、①個人のもつ起業家的特性が起業家として
の行動や成功を左右するという personality-based theory、②起業家は市場を探
索し、自らの投資に対するリターンを最大化できるニッチ市場を発見する合理
的な意志決定者であるという economic, rational actor theory、③民族や文
化、宗教などが起業家的特性を規定するという sociocultural approach である。

＊2　アンケートでは、開業にあたって①公的機関からの支援の有無、②民間機関か
らの支援の有無、③元勤務先等からの支援の有無、④友人等からの支援の有
無、⑤親・親戚等からの支援の有無をそれぞれ尋ねている。ここでは、この5
つの設問すべてに回答しているサンプルを集計対象とした（一つでも無回答で
あるサンプルは集計から除外した）。なお、調査対象企業が日本政策金融公庫の
融資先であることから、公的機関からの支援には日本政策金融公庫を除いて回
答するように指定されている。

＊3　3節の計量モデルによる分析では、このような問題は回避される。

＊4　これらは開業者自身の自己評価であり、客観性には乏しい。しかし、例えば
「業界に関する知識」に自信をもっている開業者は、実際には平均以下の知識し
かもっていなかったとしても、自らは不足していると自覚していないことか
ら、支援を受けてそれを補填しようとはしないだろう。したがって、自己評価
であったとしても分析するには不都合はない。

＊5　カイ二乗検定によると、これら3項目は1％水準で有意である。このほかに
「製品・サービスの企画力や開発力」「その他」をあげる割合も有支援型のほう
が無支援型よりも高く、10％水準で有意である。

＊6　カイ二乗検定によると、これら4項目については10％水準で有意ではない。

＊7　第1章の注5を参照。

＊8　平均値の差を検定すると、有意水準は13.8％である。

開業者は能力をどのように
獲得しているのか

　本書では開業者の能力の獲得経路として、開業者のさまざまな経験（第1章〜第4章）、従業員（第5章）、人的ネットワークから得るインフォーマルな支援（第6章）について検討してきた。そこで明らかになったことは次のとおりである。

1　開業者の経験を通じた能力の獲得

　第1章では斯業経験（開業した事業に関連する仕事の経験）を取り上げた。開業者の8割以上は斯業経験を積んでおり、能力を獲得する重要な経路であると考えられるからだ。

　まず、斯業経験の有無や長さと開業直後との業績との関係を見たところ、斯業経験を積むこと、しかもより長く積むことによって、より良好な業績を得やすいことを明らかにした。その要因としては、斯業経験を通じて有望な事業機会を発見できることよりも、斯業経験を積むことによって経営者としての能力を獲得していることが大きいといえる。

　では、斯業経験によってどのような能力を獲得し、開業直後の業績が高まっているのだろうか。「その他」の能力を含む11項目の能力について探ったところ、「業界知識」「人脈」「技術力」「営業力」「マネジメント能力」の5項目が業績に影響を及ぼしやすいことが分かった。これらのうち「マネジメント能力」については、斯業経験の有無によって能力を獲得する程度に大きな差異は見られないが、残る4項目については、斯業経験の有無が能力の獲得に密接に関わっている。

さらに、たんなる斯業経験の有無や長さだけではなく、斯業経験の積み方も重要であることを明らかにした。具体的には、①管理職経験、②勤務先の数、③勤務先の規模、④担当した職種の幅、⑤事業経営者になることを意識して仕事をすることである。このうち①〜④は、能力ごとに影響を及ぼす方向や度合いが異なる。一方、⑤は上記5項目の能力すべてを高める。

　以上の議論から得られる示唆は次のとおりである。経営者としての能力を獲得するには、斯業経験を積むことが重要である。ただし、たんなる経験の有無や長さだけではなく、斯業経験の積み方も能力の獲得を左右する。いずれ開業したいと考えている人は、能力の獲得を意識して仕事に臨むとともに、獲得すべき能力に最もふさわしい斯業経験の積み方を検討する必要がある。

　第2章では、勤務して経験を積むのにふさわしい企業の属性を取り上げた。企業規模、業歴、業績の三つの属性である。

　これらの企業属性と従業員の開業との関係を見ると、企業規模の小さな企業、業歴の短い企業ほど従業員が開業する傾向が強い。また、業績に関してはU字型の関係（業績が中位の企業よりも上位および下位の企業のほうが従業員が開業する傾向が強い）が見られる。これらの属性をもつ企業に勤務することで、開業に必要となる能力を獲得しやすいことが背景にあると解釈できる。しかしながら一方で、これらの企業の従業員は勤務を辞めて開業することに対する機会費用が小さいことから、開業する傾向が強いと解釈することもできる。

　そこでさらに、勤務先企業の属性と開業者の開業直後のパフォーマンスとの関係を調べたところ、業績の良い企業に勤務することで、高水準の能力を獲得していることが推測される結果が得られた。

　以上の議論から、開業希望者にとっては、業績の良い中小企業での勤務経験が望ましいといえるだろう。さらに、既存の中小企業が相対的に多くの開業者を生み出すという役割を果たしているという点からも、既存の中小企業に対する政策支援は正当化されるという政策的インプリケーションが得られる。政策支援によって健全な中小企業が増加すれば、良好なパフォーマンスを示す開業

者がより多く生まれるからである。

　第3章では経営経験を取り上げた。経営経験のある開業者は無視できない
程度の割合で存在するからである。

　分析にあたっては、「ポートフォリオ起業家」（すでに事業を経営しながら、
さらに開業した人）、「連続起業家」（過去に経営した事業を辞めたあとに開業
した人）に分けて、それぞれの特徴などを探った。

　ポートフォリオ起業家の大半は、新規事業への進出や新商圏の獲得など、母
体企業（調査対象企業を開業する前に経営者に就任し、現在も経営している会
社）の経営の変革を目的として、母体企業とは別に新たに調査対象企業を開業
している。

　ポートフォリオ起業家は、調査対象企業の開業にあたって母体企業から経営
資源等の引き継ぎや母体企業との取引などを通じた内部支援を受けている。ま
た、母体企業における経営経験を調査対象企業の経営に生かすこともできる。
ポートフォリオ起業家には、このような経路で能力を獲得できるというメリッ
トがある一方で、複数の企業の経営に携わることから、調査対象企業の経営に
専念しにくいというデメリットもある。このデメリットを経営の補佐役が存在
することによって克服できれば、ポートフォリオ起業家は未経験起業家よりも
良好な業績をあげられる。

　連続起業家には大きく二つの形態があり、一律に論じることはできない。前
任企業（過去に経営していた企業）の経営に失敗した連続起業家は、再開業ま
でに長期を要する。再開業にあたっては、前任企業の事業と関連のない事業を
手がけることが多く、前任企業から経営資源等を引き継ぐケースも少ない。一
方、経営を引き継いだり経営者として招かれたりしたものの、経営方針等の不
一致など経営上の事情によって経営者を退任した連続起業家は、短期間で再開
業に至っている。再開業にあたっては、前任企業の事業と同じ事業や関連のあ
る事業を手がけることが多く、前任企業から経営資源等を引き継ぐケースも相
対的に多い。

後者の形態のほうが経営経験を通じてより多くの能力を獲得しているのではないかと考えられる。しかしながら、再開業までの期間によって業績に大きな差は見られない。データの分析からは必ずしも明らかにはできなかったが、前任企業の経営に失敗した連続起業家は、その失敗の経験から学習しているからではないかと考えられる。

第4章では副業起業を取り上げた。近年は政策的に促進が図られている開業形態である。

副業起業者は起業家のうち27.5%を占める。また、その後専業に移行した人は副業起業者のうちの半分以上にのぼる。

副業起業者の多くは、勤務先に対する不安・不満を解消するためだけではなく、事業経営のノウハウなどを学んだり顧客を開拓したりするといった、本格的な開業に向けた能力の獲得経路として副業起業を位置づけている。

副業として開業し、その後専業に移行した人は、最初から専業として開業した人よりも良好な業績をあげている。したがって、副業として開業し、助走期間を経て専業に移行することで、失敗のリスクを低下させられるといえる。その背景の一つは、助走期間中に事業について学んだり顧客を開拓したりすることで、本格的な開業に必要となる能力が高まることである。つまり、能力の獲得経路として、副業起業が機能しているということである。そしてもう一つは、事業として成り立ちそうもないことが分かれば撤退の判断も下しやすいことである。すなわち、失敗しそうな人が副業から専業へ移行するのを妨げるということである。

2 　従業員を通じた能力の獲得

開業時に必要となる能力を獲得する主要な経路は開業者自身の経験である。しかし、開業者だけで何もかもできるわけではない。そこで第5章では従業員を通じた能力の獲得を取り上げた。

　第5章では、開業時に採用する従業員として望ましいのは、前勤務先の上司・同僚・部下、とりわけ部下であることが明らかになった。彼らを採用することで、新規開業企業は良好な業績をあげているケースが多い。その理由としては、第1に、部下等であれば採用に関する「情報の非対称性」を克服しやすいことがあげられる。勤務時に部下等の能力や働きぶりを確認できることから、だれが正社員としてふさわしいかが分かる。また、開業者と気が合うかどうかもあらかじめ判断できる。第2は経験者の採用が容易であること、第3は部下等が前勤務先で開拓した取引先などを引き継ぐケースが多いこと、第4は能力を発揮しやすく定着率が高いことがあげられる。

　ただし、高い能力をもつ部下等を採用するには、開業者自身にも能力や人望がなければならない。開業者と部下等は互いに勤務時に相手の能力などを判断できるからである。

3　人的ネットワークを通じた能力の獲得

　人的ネットワークも能力の獲得経路である。第6章では、開業者の人的ネットワークから得られる「インフォーマルな支援」を取り上げた。

　開業者にとって人的ネットワークを通じて得られる支援は開業を円滑化したり開業直後の業績を高めたりするなど、重要な役割を果たしている。開業者のもつネットワーク、とりわけ元勤務先やその取引先などとのつながりは、開業に必要となる能力などの獲得経路であるといえる。元勤務先などには、開業時の経営に有効な支援を提供できる能力と動機があるからだ。

　第1章では斯業経験の積み方の一つとして、事業経営者になることを意識して仕事をすることの重要性を指摘した。それは、人的ネットワークを構築することに関しても同様である。将来の開業を計画している人は、人的ネットワークを通じてインフォーマルな支援を受けられるよう、支援者となりうる人たちとの関係づくりを意識する必要があるだろう。さらに、インフォーマルな支援者は開業者のもつ能力をある程度見きわめたうえで支援を提供するという

傾向があることから、開業希望者は将来の開業に向けて経験を積み、自らの能力を高めるように努力しなければならない。

参考文献

新しい資本主義実現会議（2022a）『スタートアップ育成 5 か年計画』

新しい資本主義実現会議（2022b）『新しい資本主義のグランドデザイン及び実行計画〜人・技術・スタートアップへの投資の実現〜』

伊藤公一（2009）「審査委員選評」商工総合研究所『商工金融』第 59 巻第 3 号、p.8

井上考二（2016）「就業が起業意識の変化に及ぼす影響」日本政策金融公庫総合研究所『日本政策金融公庫論集』第 30 号、pp.17-33

岩田憲明（2012）「勤務経験のない業種での開業」愛知学院大学『経営管理研究所紀要』第 19 号、pp.1-10

上谷田卓（2022）「我が国ベンチャー企業・スタートアップ支援等を振り返る〜新しい資本主義を実現するスタートアップの創出に向けて〜」参議院事務局企画調整室『経済のプリズム』No.214、pp.1-38

加藤雅俊（2022）『スタートアップの経済学』有斐閣

川上淳之（2007）「2 度目の開業者が成功する条件－失敗経験が与えるパフォーマンスへの影響について」日本労働研究機構『日本労働研究雑誌』No.559、pp.41-53

川上淳之（2021）『「副業」の研究　多様性がもたらす影響と可能性』慶應義塾大学出版会

熊田和彦（2010）「起業意識と経験が起業パフォーマンスにあたえる影響」日本ベンチャー学会『VENTURE REVIEW』No.16、pp.21-30

桑本香梨（2020）「『2019 年度起業と起業意識に関する調査』結果の概要」日本政策金融公庫総合研究所編『新規開業白書（2020 年版）』佐伯印刷、pp.31-60

経済産業省中国経済産業局（2019）『平成 30 年度地方創生に向けたスタートアップエコシステム整備促進に関する調査事業報告書』

玄田有史（2001）「独立の旬：開業のためのキャリア形成」佐藤博樹・竹内英二編『国民生活金融公庫「新規開業実態調査」の再分析』東京大学社会科学研究所 SSJ Data Archive Research Paper Series 17、pp.9-21

鈴木正明（1997）「大企業出身者の新規開業」国民金融公庫総合研究所編『平成 9 年版新規開業白書』中小企業リサーチセンター、pp.31-59

鈴木正明（2007）「廃業企業の特徴から見る存続支援策」樋口美雄・村上義昭・鈴木正明・国民生活金融公庫総合研究所編『新規開業企業の成長と撤退』勁草書房、pp.13-54

鈴木正明（2010a）「経営経験者の開業－存廃分析を中心に－」『日本政策金融公庫論集』第 6 号、pp.51-77.

鈴木正明（2010b）「経営経験は起業を成功に導くのか－ハビチュアル・アントレプレナーのパフォーマンスを探る－」日本ベンチャー学会第13回全国大会

鈴木正明（2012a）「だれが廃業したのか－自発的・非自発的廃業の実証分析」日本政策金融公庫総合研究所編、鈴木正明著『新規開業企業の軌跡－パネルデータでみる時系列変化－』勁草書房、pp.21-57

鈴木正明（2012b）「どのような企業の業績が優れているのか」日本政策金融公庫総合研究所編、鈴木正明著『新規開業企業の軌跡－パネルデータでみる時系列変化－』勁草書房、pp.59-91

清野学（2002）「勤務キャリアが新規開業に果たす役割」国民生活金融公庫総合研究所編『2002年版新規開業白書』中小企業リサーチセンター、pp.31-60

高橋徳行（2007）『新・起業学入門　新しく事業を始める人のために』経済産業調査会

竹内英二（2003）「廃業経験者による開業の実態」日本労働研究機構『日本労働研究雑誌』No.511、pp.29-40

中小企業庁（2002）『中小企業白書2002年版　「まちの起業家」の時代へ～誕生、成長発展と国民経済の活性化～』ぎょうせい

中小企業庁（2003）『中小企業白書2003年版－再生と「企業家社会」への道－』ぎょうせい

中小企業庁（2005）『中小企業白書2005年版～日本社会の構造変化と中小企業者の活力～』ぎょうせい

中小企業庁（2014）『中小企業白書2014年版～小規模事業者への応援歌～』日経印刷

土屋隆一郎（2009）「事業所規模と従業員の起業」企業家研究フォーラム『企業家研究』第6号、pp.1-17

冨田安信（2000）「中小企業における右腕従業員－そのキャリアと貢献度」三谷直紀・脇坂明編『マイクロビジネスの経済分析－中小企業経営者の実態と雇用創出』東京大学出版会、pp.181-195

内閣府（2010）「平成22年版経済財政白書－需要の創造による成長力の強化－」日経印刷

内閣府（2022）『第5回新型コロナウイルス感染症の影響下における生活意識・行動の変化に関する調査』https://www5.cao.go.jp/keizai2/wellbeing/covid/pdf/result5_covid.pdf

日本経済団体連合会（2022）『副業・兼業に関するアンケート調査結果』https://www.keidanren.or.jp/policy/2022/090.pdf

日本政府（2014）『「日本再興戦略」改訂2014』

深沼光（2018）「廃業の要因」日本政策金融公庫総合研究所編『躍動する新規開業企業』勁草書房、pp.43-74

深沼光（2019）「新規開業企業の成長パターンとその特徴」日本政策金融公庫総合研究所編『急成長のメカニズム－新規開業企業に学ぶ－』同友館、pp.1-43

深沼光・井上考二（2006）「『再生型創業』の実態～既存企業の撤退から生まれた創業～」国民生活金融公庫総合研究所編『2006年版新規開業白書』中小企業リサーチセンター、pp.103-126

本庄裕司（2004）「開業後のパフォーマンスの決定要因」国民生活金融公庫総合研究所編『2004年版新規開業白書』中小企業リサーチセンター、pp.89-118

本庄裕司（2005）「新規開業企業のパフォーマンス」忽那憲治・安田武彦編著『日本の新規開業企業』白桃書房、pp.75-99

増田辰良（2008）「起業時における『右腕』の役割と経営成果との関係について」北星学園大学経済学部『北星論集』第48巻第1号、pp.55-90

安田武彦（2004）「起業後の成長率と起業家属性、起業タイプと起業動機－日本のケース」企業家研究フォーラム『企業家研究』第1号、pp.79-95

安田武彦（2010）『起業選択と起業後のパフォーマンス』経済産業研究所 RIETI Discussion Paper Series, 10-J-020.

八幡成美（1998）「雇用者から自営業主への移行」日本労働研究機構『日本労働研究雑誌』第452号、pp.2-14

山口洋平（2021）「ゼネラリスト的能力は起業のパフォーマンスを引き上げるのか－Jack of All Trades 仮説の再検証」日本政策金融公庫総合研究所『日本政策金融公庫論集』第53号、pp.1-19

山田仁一郎（2005）「開業者のパートナーシップ」忽那憲治・安田武彦編『日本の新規開業企業』白桃書房、pp.27-53

労働政策研究・研修機構（2018）『多様な働き方の進展と人材マネジメントの在り方に関する調査（企業調査・労働者調査）』、JILPT 調査シリーズ No.184

脇坂明（1999）「不況期に開業・事業承継した中小企業経営者」京都大学『経済論叢』第164巻第4号、pp.20-33

脇坂明（2003）「右腕が中小企業の経営業績に与える影響」佐藤博樹・玄田有史編『成長と人材』勁草書房、pp.62-85

Agarwal, Rajshree, Raj Echambadi, April M. Franco, and MB Sarkar （2004） "Knowledge transfer through inheritance: Spin-out generation, development, and survival," *Academy of Management Journal*, 47 （4）, pp.501-522

Aldrich, Howard E. and Cathrine Zimmer （1986） "Entrepreneurship through Social Networks," In Sexton, Donald L. and Raymond W. Smilor （Eds.）, *The Art and Science of Entrepreneurship*, Ballinger Publishing Company, pp.3-23

Alsos, Gry Agnete and Lars Kolvereid （1998） "The business gestation process of novice, serial, and parallel business founders," *Entrepreneurship: Theory and*

Practice, 22 (4), pp.101-102

Åstebro, Thomas and Peter Thompson (2007) "Does it pay to be a Jack-of-all-trades?," Rotman School of Management, University of Toronto, *mimeo*, Tronto

Bates, Thimothy (1994) "Social Resources Generated by Group Support Networks May Not Be Beneficial to Asian Immigrant-Owned Small Businesses," *Social Forces,* 72, pp.671-689

Birley, Sue (1985) "The Role of Networks in the Entrepreneurial Process," *Journal of Business Venturing,* 1, pp.107-117

Blanchflower, David G. and Bruce D. Meyer (1994) "A longitudinal analysis of the young self-employed in Australia and the United States," *Small Business Economics,* 6, pp.1-19

Boden, Jr. Richard J. (1996) "Gender and self-employment selection: An empirical assessment," *The Journal of Socio-Economics,* 25 (6), pp.671-682

Brown, Ross, Suzanne Mawson, and Alexander Rowe (2019) "Start-ups, entrepreneurial networks and equity crowdfunding: A processual perspective," *Industrial Marketing Management,* 80, pp.115-125

Brüderl, Josef, Peter Preisendörfer, and Rolf Ziegler (1992) "Survival chances of newly founded business organizations," *American sociological review,* pp.227-242

Brüderl, Josef and Peter Preisendörfer (1998) "Network Support and the Success of Newly Founded Businesses," *Small Business Economics,* 10, pp.213-224

Burt, Ronald S. (1992) *Structural Holes: The Social Structure of Competition,* Harvard University Press (安田雪訳『競争の社会的構造　構造的空隙の理論』新曜社、2006年)

Chatterji, Aaron K. (2009) "Spawned with a silver spoon?: Entrepreneurial performance and innovation in the medical device industry," *Strategic Management Journal,* 30 (2), pp.185-206

Choi, Joonkyu, Nathan Goldschlag, John C. Haltiwanger, and J.Daniel Kim (2021) "Founding teams and startup performance," *NBER working paper series*

Coad, Alex, Sven-Olov Daunfeldt, Dan Johansson, and Karl Wennberg (2014) "Whom do high-growth firms hire?," *Industrial and Corporate Change,* 23 (1), pp.293-327

Colombo, Massimo G. and Luca Grilli (2005) "Founders' human capital and the growth of new technology-based firms: A competence-based view," *Research policy,* 34 (6), pp.795-816

Cooper, Arnold C. (1986) "The role of incubator organizations in the founding of growth-oriented firms," *Journal of Business Venturing*, 1 (1), pp.75-86

Cooper, Arnold C., F. Javier Gimeno-Gascon, and Carolyn Y. Woo (1994) "Initial human and financial capital as predictors of new venture performance," *Journal of business venturing*, 9 (5), pp.371-395

Dahl, Michael S. and Steven Klepper (2015) "Whom do new firms hire?," *Industrial and Corporate Change*, 24 (4), pp.819-836

Dahl, Michael S. and Olav Sorenson (2014) "The who, why, and how of spinoffs," *Industrial and Corporate Change*, 23 (3), pp.661-688

Davidsson, Per and Benson Honig (2003) "The role of social and human capital among nascent entrepreneurs," *Journal of business venturing*, 18 (3), pp.301-331

Dick, Johannes M. H., Katrin Hussinger, Boris Blumberg, and John Hagedoorn (2013) "Is success hereditary? Evidence on the performance of spawned ventures," *Small Business Economics*, 40 (4), pp.911-931

Dobrev, Stanislav D. and William P. Barnett (2005) "Organizational roles and transition to entrepreneurship," *Academy of Management Journal*, 48 (3), pp.433-449

Dunkelberg, William and Arnold C. Cooper (1982) "Patterns of Small Business Growth," *Academy of Management Proceedings*, Vol.1982, No.1, pp.409-413

Dunkelberg, William C., Arnold C. Cooper, Carolyn Woo, and William Dennis (1987) "New firm growth and performance," In Churchill, Neil C., John A. Hornaday, Bruce A. Kirchhoff, O. J. Krasner, and Karl H. Vesper (Eds.), *Frontiers of entrepreneurship research 1987*, pp.307-321

Elfenbein, Daniel W., Barton H. Hamilton, and Todd R. Zenger (2008) "The entrepreneurial spawning of scientists and engineers: Stars, slugs, and the small firm effect," *Working paper, Ohlin Business School, Washington University in St. Louis*

Eriksson, Tor and Johan M. Kuhn (2006) "Firm spin-offs in Denmark 1981-2000 - patterns of entry and exit," *International Journal of Industrial Organization*, 24 (5), pp.1021-1040.

Firmino, Catarina Filipa Fernandes (2015) "Why do part-time entrepreneurs transition to full time entrepreneurship?," *Doctoral dissertation, Instituto Superior de Economia e Gestão*

Folta, Timothy B., Frédéric Delmar, and Karl Wennberg (2010) "Hybrid entrepreneurship," *Management science*, 56 (2), pp.253-269

Franco, April Mitchell and Darren Filson (2006) "Spin-outs: knowledge diffusion through employee mobility," *The RAND Journal of Economics*, 37 (4), pp.841-

860

Gompers, Paul, Josh Lerner, and David Scharfstein (2005) "Entrepreneurial spawning: Public corporations and the genesis of new ventures, 1986 to 1999," *The Journal of Finance*, 60 (2), pp.577-614

Granovetter, Mark S. (1973) "The Strength of Weak Ties," *American Journal of Sociology*, 78 (6), pp.1360-1380 (大岡栄美訳「弱い紐帯の強さ」野沢慎司編・監訳『リーディングス　ネットワーク論　家族・コミュニティ・社会関係資本』勁草書房、2006年、pp.123-154)

Honjo, Yuji (2004) "Growth of new start-up firms: evidence from the Japanese manufacturing industry," *Applied Economics*, 36 (4), pp.343-355

Hyytinen, Ari and Mika Maliranta (2008) "When Do Employees Leave Their Job for Entrepreneurship?," *The Scandinavian Journal of Economics*, 110 (1), pp.1-21

Johannisson, Bengt (1996) "The dynamics of entrepreneurial networks," In Reynolds, Paul d., Sue Birley, John E. Butler, William D. Bygrave, Per Davidsson, William B. Gartner, and Patricia P. McDougall (Eds.), *Frontiers of entrepreneurial research 1996*, pp.253-267

Kiss, Dénes (2016) "The role of social capital in the process of becoming an entrepreneur and in entrepreneurial success," *Belvedere Meridionale*, 28 (2), pp.38-50

Kolvereid, Lars, and Erlend Bullvag (1993) "Novices versus experienced business founders: An exploratory investigation," *Entrepreneurship research: Global perspectives*, pp.275-285

Lazear, Edward P. (2004) "Balanced skills and entrepreneurship," *American Economic Review*, pp.208-211

Lazear, Edward P. (2005) "Entrepreneurship," *Journal of Labor Economics*, 23 (4), pp.649-680

Ouimet, Paige and Rebecca Zarutskie (2014) "Who works for startups? The relation between firm age, employee age, and growth," *Journal of financial Economics*, 112 (3), pp.386-407

Panos, Georgios A., Konstantinos Pouliakas, and Alexandros Zangelidis (2014) "Multiple job holding, skill diversification, and mobility," *Industrial Relations: A Journal of Economy and Society*, 53 (2), pp.223-272

Parker, Simon C. (2009) "Why do small firms produce the entrepreneurs?," *The Journal of Socio-Economics*, 38 (3), pp.484-494

Petrova, Kameliia (2005) "Part-time entrepreneurship and wealth effects: New evidence from the panel study of entrepreneurial dynamics," *50th ICSB*

Conference, Washington, pp.15-18

Raffiee, Joseph and Jie Feng (2014) "Should I quit my day job?: A hybrid path to entrepreneurship," *Academy of Management Journal*, 57 (4), pp.936-963

Reynolds, Paul D., William D. Bygrave, Erkko Autio, and Others (2004) *Global Entrepreneurship Monitor 2003 Executive Report*

Santarelli, Erico and Hien Thu Tran (2013) "The interplay of human and social capital in shaping entrepreneurial performance: the case of Vietnam," *Small Business Economics*, 40 (2), pp.435-458

Sarada and Oana Tocoian (2012) "The Success of Entrepreneurial Networks: Evidence from Brazil," *SSRN Working paper Series*

Shane, Scott (2003) *A general theory of entrepreneurship: The individual-opportunity nexus*, Edward Elgar Publishing

Siegel, Robin, Eric Siegel, and Ian C. Macmillan (1993) "Characteristics distinguishing high-growth ventures," *Journal of business Venturing*, 8 (2), pp.169-180

Sørensen, Jesper B. (2007) "Bureaucracy and entrepreneurship: Workplace effects on entrepreneurial entry," *Administrative Science Quarterly*, 52 (3), pp.387-412

Stuetzer, Michael, Martin Obschonka, and Eva Schmitt-Rodermund (2013) "Balanced skills among nascent entrepreneurs," *Small Business Economics*, 41 (1), pp.93-114

Tåg, Joacim, Thomas Åstebro, and Peter Thompson (2013) "Hierarchies, the small firm effect, and entrepreneurship: Evidence from Swedish microdata," *IFN Working Paper No. 954*

Timmermans, Bram (2012) "The effect of prior joint work experience on new venture performance," *Working paper, Aalborg University*

Ucbasaran, Deniz, Gry Agnete Alsos, Paul Westhead, and Mike Wright (2008) "Habitual entrepreneurs," *Foundations and Trends in Entrepreneurship*, 4 (4), pp.309-450

Van Praag, C. Mirjam (2003) "Business survival and success of young small business owners," *Small business economics*, 21 (1), pp.1-17

Wagner, Joachim (2004) "Are young and small firms hothouses for nascent entrepreneurs? Evidence from German micro data," *IZA Discussion papers*, No. 989

Wasserman, Noam (2012) *The Founder's Dilemmas: Anticipating and Avoiding the Pitfalls That Can Sink a Startup*, Princeton University Press (小川育男訳『起業家はどこで選択を誤るのか　スタートアップが必ず陥る９つのジレンマ』英治

出版、2014 年)

Wennberg, Karl, Timothy B. Folta, and Frédéric Delmar (2006) "A real options model of stepwise entry into self-employment," In A. Zacharakis (Ed.), *Frontiers of Entrepreneurship Research 2006*, pp.119-132

Westhead, Paul and Sue Birley (1995) "Employment growth in new independent owner-managed firms in Great Britain," *International Small Business Journal*, 13 (3), pp.11-34

Westhead, Paul, and Mike Wright (1998) "Novice, portfolio, and serial founders: Are they different?," *Journal of business venturing*, 13 (3), pp.173-204

Westhead, Paul and Mike Wright (2015) "The habitual entrepreneur phenomenon," *International Small Business Journal, Virtual Special Issue*, pp.1-16

Westhead, Paul, Deniz Ucbasaran, and Mike Wright (2009) "Information search and opportunity identification: The importance of prior business ownership experience," *International Small Business Journal*, 27 (6), pp.659-680

Westhead, Paul, Deniz Ucbasaran, Mike Wright, and Martin Binks (2005) "Novice, serial and portfolio entrepreneur behaviour and contributions," *Small Business Economics*, 25 (2), pp.109-132

索　引

【著者略歴】

村上義昭（むらかみ・よしあき）

大阪商業大学総合経営学部教授

京都大学経済学部卒業、1981 年国民金融公庫（現日本政策金融公庫）入庫。日本政策金融公庫総合研究所主席研究員、内閣府経済社会総合研究所上席主任研究官などを経て、2018 年から現職。

〔主要業績〕

『新規開業企業の成長と撤退』（共編著）勁草書房、2007 年（中小企業研究奨励賞受賞）

『ベンチャー型新規開業事業の新動向　サービス産業を中心事例として』（共著）嵯峨野書院、2007 年

『地域が元気になるために本当に必要なこと－人づくりから始まった地域再生の5つの物語－』（共著）同友館、2013 年

「地域別企業数の将来推計」（共著）財務省財務総合政策研究所『フィナンシャル・レビュー』第 131 号、pp.71-96.

「技能は中小製造業者の業績を高めるか」『大阪商業大学論集』第 16 巻第 3 号、大阪商業大学、2021 年、pp.23-40.

『中小企業論　組織のライフサイクルとエコシステム』（共著）同友館、2021 年

2023 年 10 月 15 日　第 1 刷発行

開業者の能力獲得経路
－経験、副業起業、従業員、人的ネットワーク－

Ⓒ著　者　村上　義昭

発行者　脇坂　康弘

発行所　株式会社 同友館

〒113-0033 東京都文京区本郷 3-38-1
TEL.03(3813)3966
FAX.03(3818)2774
URL　https://www.doyukan.co.jp/

落丁・乱丁本はお取り替え致します。　　　　　三美印刷／東京美術紙工
ISBN 978-4-496-05670-3　　　　　　　　　　Printed in Japan